獨創10-11-12投資策略，讓你資產一路富成長，穩穩領錢領到老！

股利致富

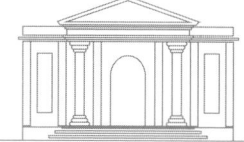

Marc Lichtenfeld

GET RICH with DIVIDENDS
A Proven System for Earning Double-Digit Returns

馬克・利希滕菲爾德──著　呂佩憶、林麗冠──譯

CONTENTS 目次

推薦序 讓股利為你的財富滾雪球……05
前　言 邁向一生超越市場報酬的投資之旅……10

Chapter 1 ___為什麼要買配息型股票？……15

Chapter 2 ___永久股利成長股是什麼？有哪些類型？……39

Chapter 3 ___過去的績效不保證未來的結果，但已經相當接近……57

Chapter 4 ___公司發放股利的動機……95

Chapter 5 ___用「無聊」的配息股致富……119

Chapter 6 ___得到更高的殖利率……139

Chapter 7 ＿建立投資組合的實用指南……165

Chapter 8 ＿10-11-12 投資策略……199

Chapter 9 ＿股利再投資計畫和直接購股計畫……237

Chapter 10 ＿使用選擇權來加速報酬成長……245

Chapter 11 ＿用外國股利股進行多元化……269

Chapter 12 ＿加密貨幣可以納入股利計畫中嗎？……281

結　語　本書的終點，你獲利的開始……288
詞彙表……293
致謝……297
注釋……300

推薦序 ─────────────── Foreword

讓股利為你的財富滾雪球

亞歷山大‧格林（Alexander Green）
牛津俱樂部首席投資策略師

在股市中，大多數投資人比較喜歡光鮮亮麗的選擇，而非穩定的獲利。

為什麼我會這麼說？因為如果你向普通投資人介紹一間擁有尖端科技、令人興奮的三期臨床新藥，或是賺很多錢的新公司，他們會全神貫注。但是如果你告訴他們一個營收穩定、有大量積壓的訂單，而且股利殖利率持續成長的績優股，他們會硬撐著不要打呵欠。

這很遺憾。因為，與大多數投資人的看法相反，驚人的創新並不是企業成功的可靠指標。用知名的鋼鐵大亨安德魯‧卡內基（Andrew Carnegie）言簡意賅的話來說就是：「當先鋒賺不到錢。」

一間剛起步、正處於成長階段，而且尚未配發股利的公司，通常不會是最好的長期投資選擇。眾所周知，八成的新創

公司會在 5 年內倒閉。

真正能為投資人長期帶來收益的，是那些經營穩定且定期配發股利的企業，不會像高速成長型股票那樣波動劇烈。

舉例來說，過去 10 年來，如果將股利再投資，半導體製造商德州儀器（Texas Instruments）的報酬率將達到 642%。生產罐頭火腿、吉比（Skippy）花生醬和 Wholly Guacamole 酪梨醬的荷美爾食品（Hormel Foods），報酬率將達到 323%。就連歷史悠久的公用事業公司——聯合愛迪生公司（Con Edison，原名為紐約瓦斯燈公司，比湯瑪士・愛迪生的出生早了 23 年）在這段期間的報酬率也達到 137%。

在這本絕佳的新書中，我的朋友、同事兼投資分析師同僚馬克・利希滕菲爾德（Marc Lichtenfeld），將介紹如何以及為什麼要投資於優質的配息股。我一開始就要先說清楚兩件事：第一，你找不到比他更值得信賴、更有見識和經驗的投資嚮導了；第二，這種投資方法是真的有效。

我怎麼能確定呢？因為馬克負責管理牛津俱樂部的「即時收益」、「複利收益」和「高收益」投資組合，這些投資組合完全專注於成長型與收益型標的。他做得非常好。事實上，我最近查看這些投資組合的報酬時，忍不住問他：「天啊，馬克，你是怎麼辦到的？」

幸運的是，馬克會教你如何靠自己獲得這樣的報酬。他讓我徹底相信了。現在當我在投資研討會上，我會告訴出席者，如果你想尋求成長，就投資配息股。如果你想尋求收益，就投

資配息股。如果你想尋求安全性，就投資配息股。

為什麼？因為企業的盈餘可能因創新的會計手段而令人起疑。營收可以計入一個年度，也可以分攤至數年。資本資產可以被出售，其價值甚至能被列為一般收入。但是進入你帳戶的現金卻是真實的，它是衡量一間公司真實獲利能力的試金石，是公司獲利能力的實質證明。

定期支付股利會對公司施加財務紀律的壓力。歷史顯示，配息型股票不只風險更低，獲利能力也比其他大多數股票更好。

■ 找到報酬豐厚的高配息型股票

賓夕法尼亞大學華頓商學院（Wharton School of the University of Pennsylvania）的金融學教授傑諾米・席格爾（Dr. Jeremy Siegel），對過去200年各類資產的績效進行詳細的歷史調查，包含各種類型的股票、債券、現金和貴金屬。他的結論是：長期下來，高配息型股票的績效遠高於市場平均水準。

人們對現在的經濟和股市充滿了恐懼和焦慮，投資人對於該如何處置自己的資金感到困惑和不確定，馬克則對此提供了一個解決方案。他證明了即使在市場下跌的期間，配息型股票也比不配息的股票表現得更為穩健，而且經常逆勢上揚，增值的可能性更大。原因很明顯：這些通常是成熟、獲利穩定的公司，擁有穩健的前景、充裕的現金以及長期的持續競爭力。

請記住，美國企業目前持有的現金創下紀錄，接近6兆美

元，其中許多正以合理的方式返還給股東。目前道瓊工業指數的殖利率超過了債券。而過去兩年來，美國企業的股利成長平均每年達到11%，是長期股利成長率的兩倍多。

現在的前景特別樂觀。舉例來說，自1980年以來，標普500指數中殖利率第二高的前20%股票，每年平均報酬率達到13.9%。這足以讓你的資金在不到5年半的時間內成長一倍，或是在10年內成長近四倍。

在此我還需要補充一個標準警語：過去的績效不代表未來的結果，而且配息股也是有風險的。正如馬克所說，只因為股利高而買進股票是愚蠢的行為。你必須謹慎選擇。市場上充滿了所謂的「股利陷阱」，也就是為了阻止投資人撤資而支付高額股利的問題公司。

在本書中，你將學到如何避開這些陷阱，並鎖定有潛力的贏家。馬克將教你如何審查現金流、股利支付率，以及股利是否可持續。

這是否需要做一些研究？是的，但報酬將會非常豐厚。

投資人竟然願意以只超過3%的利率，將資金借給美國財政部長達10年，真是令我驚訝。這是一個糟糕的賭注，幾乎可以確定在未來10年內將實現負的實質報酬（扣除通膨後）。

一個更好的選擇是，擁有多元化的配息型股票投資組合。根據哈特福德基金公司（Hartford Funds）的資料，截至2021年的90年間，股利對美國股市總報酬的貢獻高達40%，有時這個比例甚至更高，例如在1970年代，股利產生了高達73%

的報酬。

馬克提出了一個有力的觀點，指出現在的配息股代表著一個歷史性的機遇。美國企業不只現金充裕，而且股利只占獲利的三分之一，正處於歷史低點。

只靠股利不會帶來令人垂涎的報酬，但是一段時間下來會逐漸增加──而當你將股利再投資時，就會發生意想不到的奇蹟。想像一顆雪球沿著山坡滾下吧！

愛因斯坦就了解這一點。他指出，複利是「宇宙中最強大的力量」。那麼累積財富的最佳方式是什麼呢？投資於穩定且持續提高股利的好公司。

這本書就是你的入門鑰匙，因為馬克會在書中詳盡介紹如何找到這些公司。

前言 ─────────────────────── Preface

邁向一生超越市場報酬的投資之旅

那是我頓悟的時刻。

當時我正在處理一個股利試算表，調整變數時，看到的數字令我相當驚訝。我發現，如果我孩子的錢按照我正在使用的公式投資，他們成年後無論選擇什麼工作或職業，都應該不會有任何經濟問題。

我還發現，按照同樣的公式，我和老婆在退休後也不需要擔心收入問題。此外，如果我的父母按照這個公式投資，他們在晚年也不必為收入擔憂。

就是在那時，我知道我必須寫這本書。

本書是為普通投資人而寫──包括剛起步的投資人、正在努力的投資人、在近期的市場波動中受過傷害的投資人，以及那些相信錯的顧問、花了數千美元卻得到不值錢建議的投資人。

本書是寫給那些真正希望為自己和家人創造財富的投資人，以及那些願意學習一個簡單的系統，讓錢像他們自己一樣努力工作（或曾經努力工作）的投資人。這個系統簡單易學，實施起來也非常不花時間。更重要的是，這不是理論，而是一

個經歷幾十年牛市和熊市考驗的成功方法。

這是專為有其他興趣或優先事項,而不想花數小時研究投資組合的投資人所設計。只需要執行 10-11-12 系統,然後等待股票和時間的魔法發揮即可。你需要做的只是偶爾檢查一下,確保投資組合中的公司表現仍然如你的預期。如果一切正常(本書會教你如何挑選最有可能達到預期的公司),就不需要採取進一步的動作。

身為牛津俱樂部《牛津收益通訊》(*Oxford Income Letter*)的主編,我每個月都會收到投資人的來信,他們渴望獲得更高的收益。目前的殖利率對許多退休者來說並不夠用。這激勵我尋找一種策略,以確保未來的投資人不會像現在那些追求收入卻承擔過高風險的人一樣陷入困境。

本書中介紹的 10-11-12 系統,將使投資人在未來 10 年內實現至少 11% 的殖利率(甚至可能更高),同時只需要投資市場上一些最保守的股票。這些公司擁有良好的歷史紀錄,有些公司甚至數十年來都十分照顧股東。如果你現在不需要這些收益,將其進行再投資,則可輕鬆達到平均每年 12% 的總報酬率(遠高於股市的平均水準)。如果你的資金每年賺取 12% 的報酬,10 年後會成長超過三倍,15 年後成長至五倍,而 20 年後則成長超過十倍。換句話說,每年平均 12% 的報酬率,在 20 年內能將 10 萬美元的投資組合變成將近 140 萬美元,而且不包括任何額外的投資。

在退休時多出 140 萬美元對你代表著什麼?首先,這筆錢

可能會產生夠多的收入,讓你不需要動用本金。這筆錢可以用於與家人一起度假、支付孫兒輩的學費,或是讓你安心享受最好的醫療照護。

也許最重要的是,你將學會如何透過我的 10-11-12 系統,即使在停滯或下跌的市場中,仍能獲得可觀的收益和雙位數的報酬。即使面對最嚴峻的熊市,執行 10-11-12 系統後,你還是可以高枕無憂,甚至帶著微笑入睡。

在讀本書的過程中,你將學到成為成功投資人所需的一切知識。本書很容易讀,實踐起來更是簡單。

■ 開始閱讀本書,從此享受財務自由

在第 1 章和第 2 章中,我們將討論為何配息股是長期穩健投資組合的最佳選擇。你不應該隨便投資一間支付股利的公司,所以我們會探討應該選擇哪些特定類型的股票,以及如何找到這些股票。

我不期望你只因為我的說法就相信這些主張,所以我在第 3 章會說明我如何得出這些數字,並透過實例解釋為何你的收入和總報酬每一季都能成長,還有 10-11-12 系統如何在熊市中依然運作良好,甚至蓬勃發展。

在第 4 章中,我們將從宏觀角度討論公司支付股利的原因。你將會了解為什麼這是一個判斷企業健康狀況的重要因素。

第 5 章說明為什麼某些保守型股票是你的最佳選擇。既然

市場上某些最保守的股票就能取得更好的結果，根本沒有必要冒過高的風險來實現你的目標。

第 6 章則討論一些你可能不熟悉但很有趣的股票類型——這些股票通常比一般支付股利的公司殖利率更高。

在第 7 章中，我們會為你的投資組合打下基礎；第 8 章會學到 10-11-12 公式，幫助你和家人實現長期的兩位數殖利率和報酬。

在第 9、10 和 11 章中，我們會討論股利再投資計畫（DRIP）、選擇權以及外國股票——這些都是可以加速提高報酬的方法。

第 12 章則聚焦於支付「股利」的加密貨幣。有些讀者可能認為，支付股利的加密貨幣會比其他加密貨幣更安全。我會詳細解釋這些股利的來源，以及這些是不是明智的投資選擇。

最後，我們會在結語中做總結，幫助你邁向一生超越市場報酬的投資之旅，並享受不再（為投資組合）焦慮的睡眠。

我為 10-11-12 系統最有力的背書就是：我不只用這個系統為自己投資，也用這個來管理我孩子的資金。

我寫這本書時充滿熱情，因為我知道將會有成千上萬的家庭因為遵循 10-11-12 系統，實現財務自由、送孩子上大學、支付房屋頭期款，以及享受退休生活。

我很高興你的家庭將成為其中之一。

CHAPTER 1

為什麼要買配息型股票？

我要先以一句大膽的話來開場：本書中的概念，是你能夠送給自己或孩子最重要的禮物之一。你將在本書中找到一個方法，為你的投資組合帶來 11% 的殖利率和 12% 的平均年報酬率——如果股市配合或是你的股票表現良好，這個數字甚至會更高。

這並不是我的自誇之詞。我並不是第一個想到投資股利成長型股票的人。我只是將這個想法重新包裝成一本引人入勝、容易閱讀的書，讓你想要珍藏一輩子，甚至想要多買幾本送給親友，或者至少把你這本借給他們。

我怎麼知道？因為本書的前兩版已經售出超過 12.5 萬本。（好吧，現在我有點在自誇。）除了英文版外，還被翻譯成日文、泰文和波蘭文。我走在波蘭格但斯克市（Gdańsk）的街上，簡直就像大明星。

好了，玩笑（暫時）到此為止。我建立的是一個簡單易學的系統，用於投資股利成長型股票。你不只會了解為什麼股利成長投資是最賺錢而且最簡單的投資方式之一，還會學到簡單的步驟以實現這種投資。

如果你遵循並教育孩子本書中的理念，未來關於收入的許多擔憂，很可能會輕鬆迎刃而解。同樣重要的是，如果你的孩子在很年輕時就學會這種策略，他們可能永遠不會遭遇財務困境，這種工具會讓他們退休前就能為自己創造收入和財富。

我親眼見證這些成果，我的家人也是。11 年前我在撰寫第一版時，當時 10 歲的兒子問我在寫些什麼。我向他解釋了

這個概念，並展示了我的試算表。他興奮地說：「你的意思是說，如果我現在投資一些錢，等我大學畢業時，應該會增值到三倍？」我告訴他，雖然不能保證，但如果借鏡歷史，那麼答案是肯定的。

不久之後，我們為他開了一個帳戶。在 2012 年的 5 月到 6 月之間，我們買進價值 2,572 美元的股票，這些全都是會定期提高股利的公司股票。

我很高興告訴各位，這孩子大學畢業時，這些股票的價值已經達到了 8,969 美元（包含股利再投資），相當於總報酬率 248%，複合年成長率（CAGR）則是 13.3%，比本書的目標高出了 1.3 個百分點。

在這段期間，我們經歷了社會動盪、一位總統的彈劾、俄羅斯干涉美國總統選舉及試圖推翻選舉結果、一場全球大流行病，以及世界各地爆發許多衝突。

但是股票長期下來，幾乎總是會做一件事：上漲。

請記住，我無法教你或你的孩子如何存錢。如果你比較想買新車或是花大筆錢去度假，而不願意存錢，我不能、也無法試圖去改變。本書是為那些認真想要改善家庭財務生活、已經懂得如何儲蓄，並想讓自己的錢像他們一樣努力工作的人所撰寫的。

■ 存下目前收入的 10% 用於投資

關於儲蓄，我唯一的建議來自我最喜愛的理財書之一——

喬治‧克拉森（George S. Clason）的《巴比倫富翁的秘密：比小說更好看的理財故事書》(*The Richest Man in Babylon*)。這本書最早於 1926 年出版，克拉森寫道：「每十枚放進錢包的硬幣，只用掉九枚。你的錢包會立刻開始變得豐厚，逐漸增加的重量摸起來感覺很好，並為你的內心帶來滿足。」

許多個人理財專家也提供了相同的建議，但採用了更現代的說法：「先付錢給自己。」

就算你無法存下目前收入的 10%，任何程度的儲蓄都非常重要。正如你將會看到的，利用本書中的理念進行儲蓄和投資，你的資金在多年後將會大幅成長。所以，即使你只能存下 8%、5%，甚至 2%，還是要現在就開始行動。如果你得到加薪、繼承遺產或贏得一場足球賽的賭金，在你存下總收入的 10%之前，不要花掉任何一分錢。

現在投資比我在 11 年前撰寫本書第一版時要容易得多。透過大多數便宜的券商，投資人都不必支付交易手續費了。

即使你的資金不足以買進一整股你喜愛的股票，你還是可以購買零股。

以下是一個可怕的統計數據：根據資誠聯合會計師事務所（PwC）在 2020 年所做的一項研究，平均 55 至 64 歲的人，退休帳戶裡只有 12 萬美元。這筆錢在 15 年內，每個月只能產生不到 1,000 美元的收入[1]。而平均社會福利退休金，每月只有 1,471 美元[2]。這勉強夠支付美國公寓平均 1,322 美元的租金[3]。這樣一來就只剩下 149 美元可以用於採購食物、衣服、支付水

電費等開銷。顯然只靠社會福利金根本不足以維持生活。

如果你認真考慮改善家人的財務未來——我知道你是，因為你正在讀這本書。那麼如果你還沒有開始儲蓄，今天就開始儲蓄吧！

想像一下，如果你把收入的 10% 存下來，並投資到本書中提到的那些配息型股票。一段時間過去，你的財富應該會成長到足以產生可觀的收入，甚至可能讓你不再需要工作。

關於儲蓄，這是我要說的最後一點。你花錢買這本書（或是特地開車到圖書館借閱），不是為了看我一直說儲蓄有多重要。所以，我假設你是真的想要確保未來的生活無虞，並且希望學習如何利用這些資金，讓你的投資組合總金額後面多出幾個零。

如果你已經退休而且立即需要收入，本書中的策略也能幫助你。你可能無法像年輕人那樣讓財富複利成長，但你可以投資於每年為你創造愈來愈多收入的公司。這不只能幫助你打敗通貨膨脹，還能為自己甚至家人提供額外的財務保障。

有許多種方法可以投資你辛苦賺來的錢，但是你很快就會知道，**投資配息型股票是一種保守而且能產生大量財富和收入的方式**。這不只是理論，而是經過市場幾十年驗證的事實。

■ 哪一種投資策略才能讓你致富？

有些人認為，房地產才是致富的唯一途徑。也有人認為股

市被操縱了，只有專業人士能賺到錢，因此應該選擇比較安全的債券。還有些人堅信黃金才是唯一真正的貨幣，也有人加密貨幣才是。但是這些觀點都完全不正確。

股市確實有許多種有效的投資策略。價值型投資人堅持應該在股票便宜時買入，昂貴時賣出；成長型投資人則認為應該擁有獲利成長迅速的股票；動能型投資人建議別管估值，投資於價格正在上漲的股票，並在股價停止上漲時賣出。

還有一些投資人只相信股票線圖，完全不在乎一間公司的獲利、現金流或毛利率。只要線圖看起來不錯，就認為是買進的時機。

這些方法在某些時候有效。價值型投資和成長型投資的有效性通常會交替出現：一種方法當紅時，另一種方法就會失寵，直到後來角色互換。有一段時間，價值型股票的表現會超越大盤；接下來幾年，成長型股票可能會更強勁。最後價值型股票又重回主流，就像現在一樣，成長型股票在經歷了10年的優秀表現後，價值型股票正逐漸受到青睞。

這對股利投資人來說是個好消息。**許多高殖利率的配息型股票屬於價值型股票。這正是這些股票殖利率較高的原因──因為價格的關係，因此估值也比較低。**

無論當下流行哪一種投資策略，各自的支持者都會拿出各種統計數據，來證明他們的方法是唯一正確的選擇。

基本分析和技術分析之間的爭論也有相同的情況。研究線圖的技術分析師聲稱，關於一間公司的所有資訊都已經反映在

股價中，並且可以從線圖中看得出來。而研究公司財報的基本分析師則認為，技術分析根本就像是擲雞骨頭，或是看杯底的茶葉圖形來解讀股價走勢的占卜術。

除此之外，還有許多其他的投資方法，包括量化投資、週期分析，還有合理價格成長投資（Growth At a Reasonable Price，GARP），這些只是其中幾種。

這些策略的死忠支持者都聲稱，他們的方法是市場中唯一能賺錢的方式。他們的態度幾乎像是面對一種信仰，而那些最狂熱的信徒甚至認為自己的信仰就是唯一的真理──就這樣，不用討論，話題結束。他們是對的，如果你不同意他們的觀點，就是你錯了。

我並不是神學方面的權威，但在投資方面，我可以肯定的是：沒有彈性的教條是行不通的。

只投資價值型股票無法讓你穩定地賺錢，因為有時這些股票不受市場青睞。如果只依賴線圖，有時你會解讀錯誤，因為線圖不是水晶球，無法預測未來。量化投資通常會有用，但後來也會失效。只要去問1998年損失慘重的長期資本管理公司（Long-Term Capital Management，LTCM）的投資人就知道了。

長期資本管理公司是一支擁有47億美元資金的對沖基金，它利用複雜的數學模型來設計交易策略。該基金在幾年內為投資人賺取豐厚的收益，被認為是萬無一失的投資。但是就像一開始被認為不會沉沒的鐵達尼號一樣，長期資本管理公司還是撞上了冰山──俄羅斯金融危機，結果基金所管理的錢幾

乎完全賠光。

■ 成為賭場的股票市場

在職業巔峰時期，傳奇拳擊手小羅伊・瓊斯（Roy Jones Jr.）是許多拳擊迷眼中最厲害的選手之一。他在四個量級別（包括重量級）都贏過世界冠軍。但瓊斯似乎覺得自己並沒有得到應有的地位。因此他在 2001 年推出一首饒舌歌，列舉自己的成就，提醒拳擊迷他有多厲害。這首歌名為〈你們一定是忘了〉（Y'all Must've Forgot.）。

回顧過去，1990 年代中後期的投資人讓我想到 2001 年的拳擊迷。這兩群人似乎都忘記了他們擁有的美好時光——拳擊迷不再珍視瓊斯卓越的拳擊技術，而投資人則對標普 500 指數自 1961 年以來每年平均 10.9％的報酬（包括股利）感到厭倦和不耐煩。經歷了幾十年理性地投資於優質企業並從中獲得股利報酬後，許多投資人在網路泡沫狂熱中變成了投機者。

我並不是在責怪任何人，也不是在指責什麼。當時我也和大家一樣，瘋狂殺進殺出網路股。我人生中的第一支「十倍股」（投資報酬達到原始金額的十倍）是 Polycom，這間公司於 2018 年被 Plantronics 收購。我在 1990 年代末期以 4 美元買進 Polycom 的股票，並在 50 美元時賣出了一部分（然後在股價有高有低時分批賣出）。

但是，就像許多網際網路泡沫時期的投機者一樣，我也有

過幾次套牢的經歷。我的檔案裡可能還有一張 Quokka 的股票證書。沒聽過 Quokka 嗎？沒錯。這間公司在 2002 年破產了。

當股票一天上漲 10、20、30 點或甚至更多，很難不被這種狂熱的情緒所影響。

但是當時誰會願意考慮那些只支付 4% 股利的股票？當你投資甲骨文（NYSE：ORCL）或 Ariba 的股票時，5 分鐘內就能賺到 4% 的報酬。

那時候投資嬌生（NYSE：JNJ）真的比投資 eToys 更合理嗎？畢竟，根據財富管理公司 BancBoston Robertson Stephens 在 1999 年的說法，eToys 將成為下一個「品類殺手」。有趣的是，eToys 在 18 個月後倒閉，而 BancBoston Robertson Stephens 也在一年後關門大吉。

（譯注：「品類殺手」是指像亞馬遜或沃爾瑪這種超大型零售業者，擁有眾多產品選擇，售價也較其他小型零售業者低廉，而導致其他小型業者倒閉。）

如果你在 1999 年的第一個交易日投資嬌生，這支當時是股利殖利率約為 1.7% 的「無聊」股票，然後又將股利再投資，那麼 20 年後，你每年將獲得 9% 的投資報酬率。一筆 3,000 美元的投資將增值到 22,754 美元，相當於讓你的資金成長了七·五倍。

嬌生是一間真的有產品、有營收的真實企業。它不像 eToys、Pets.com 或當年網路熱潮時風靡市場的熱門 B2B（Business-to-Business，企業對企業）網站那樣令人興奮。

但是過了23年後，有哪個投資人會抱怨每年9%的年報酬率呢？我想大概不多吧——尤其是當你比較一下同期標普500指數（包含股利再投資）的年報酬率只有6.8%，就更沒什麼好不滿的了。

或許你運氣好，以每股2美元買入eBay（Nasdaq：EBAY），資金增值了十六倍。又或者你買進甲骨文，資金漲了五倍。但是有一個成功成為大企業的eBay和甲骨文，就有更多個像Webvan那樣股價歸零的失敗案例。

在1990年代末期，股市變成了一座賭場，許多投資人損失慘重，甚至連免費自助餐券都沒拿到。我們似乎也從來沒完全回到以往那種理性看待市場的方式。

■ 股利再投資帶來大筆財富

我祖父是一名擁有紐約證券交易所（NYSE）席位的註冊會計師，他投資股市並不是為了快速獲利。他將資金投入長期投資，希望獲得比其他地方更高的報酬，甚至帶來一定的收入。

他願意承擔風險，但不會投機於那些商業理念離譜的公司，這些公司的賺錢方式只能寄望於找到更愚蠢的人來接手股票。這是一種實際存在但有重大缺陷的理論，稱為「博傻理論」（greater fool theory）。

當時有各種類型的公司，例如theGlobe.com、Netcentives和Quokka等，他們的執行長宣稱我們正處於一個新的時代：

這次不一樣。當我詢問他們的營收時,他們的回答是「重點在於關注的人數」。當我進一步追問獲利時,他們則說我「不懂新的經營模式」。

也許我真的不懂吧(到現在可能還是不懂)。但我知道,一間公司最終必須有營收和獲利——至少成功的公司是如此。我百分之百肯定,如果祖父在那段期間還是活躍的投資人,他絕對不會買 theGlobe.com。

我認為許多投資人已經忘記的一個原則是,他們其實是在投資一間企業。無論這個企業是零售商、鋼鐵公司,還是半導體設備製造商,都由經理人經營,有員工、顧客、設備、(希望還有)獲利。這些企業不只是你偶爾在雅虎財經(Yahoo Finance)上為了查看股價,而輸入三、四個字母的股票代號而已。

這些真實的企業能為股東創造大筆的財富,特別是當股利用於再投資時。

根據奈德戴維斯研究(Ned Davis Research)的艾德‧克利索德(Ed Clissold),如果你在 1929 年底投資 100 美元於標普 500 指數,只靠價格上漲,到了 2010 年這筆錢會增值到 4,989 美元。但是如果你將股利再投資,這 100 美元就會增值到 117,774 美元。克利索德表示,95.8％的報酬來自於股利[4](圖 1.1)。

■ 你投資是為了賣出退場,還是為了穩定金流?

多年前我和老婆去了奧勒岡州的艾許蘭(Ashland)。我

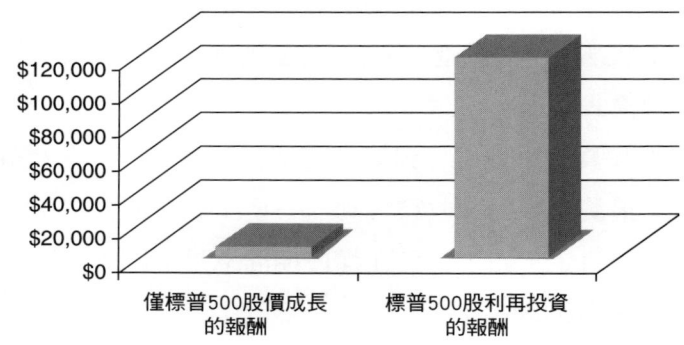

圖 1.1　1929 到 2010 年，原始投資 100 美元
資料來源：圖：馬克・利希滕菲爾德；數字：奈德戴維斯研究。

們非常喜歡這座小鎮，開始討論如何擺脫城市的競爭壓力，搬到艾許蘭開一間披薩店。我們在加拿大洛磯山脈的班夫（Banff）、北卡羅來納州的艾許維爾（Asheville），甚至以色列的特拉維夫（Tel Aviv）旅行時，都一再提起這個話題。

由於我對餐飲業一竅不通、不想離開美國大城市太遠，而且我的廚藝非常差，所以這間披薩店始終只是美好的幻想。

但是為了解說本書提出的概念，可以把這間幻想中的「馬克・利希滕菲爾德義式小館」，當成一個有營收和獲利的企業範例。還可以假設我是你的姐夫（你姐姐看人的眼光一向很好），而你已經同意成為我的生意夥伴。

有一天我帶著餐廳企畫書去找你們談合作事宜。我已經找到了一個理想的地點，位置熱鬧，行人眾多。我也正與一位熱

情洋溢的年輕廚師洽談,他渴望讓當地人和評論家留下深刻印象。萬事俱備,只欠東風。

這就是你出手的時候了。你投資 10 萬美元,可以獲得 10% 的股權。我向你說明我的預測結果:餐廳第一年達到收支平衡,第二年獲利 10 萬美元,第三年獲利 20 萬美元。

你可能會問的其中一個問題是,你要如何收回投資的資金?要等到餐廳出售,還是每年可以從獲利中分紅?

如果我告訴你,我的目標是將餐廳的營業額做到 150 萬美元,然後以營收的兩倍價格(300 萬美元)出售,屆時你會得到 30 萬美元,你的反應可能會和我告訴你另一個計畫不同。另一個計畫就是將一半的獲利再投資於餐廳,另一半則每年按比例分給合夥人(即分紅)。

你是否決定給我這筆錢,部分將要視你的目標而定。你願意冒險等待幾年後餐廳出售時獲得高額報酬,還是你比較希望從投資中獲得穩定的收入金流,但是沒有退場策略(例如出售餐廳)?

投資股票時,投資人也需要做出類似的決定。他們買進一支股票是為了未來以更高價格出售,還是選擇一支既能提供收入金流、又能帶來收入成長和資本利得的股票?

我不知道你怎麼想,但如果我要投資於別人的事業,我希望儘早看到報酬,而不是一直等待所謂的出場策略。

還有另一個可能影響你投資餐廳的決策因素:與其每年支付你應得的分潤,我可能會提出將這筆錢再投資於餐廳,並給

你更多的股權。這樣一來,你每年的分潤比例會逐步增加。最後你可以開始每年獲得一筆可觀的現金分潤,或是當你出售股權時,由於你的持股比例已超過原來的 10%,所以能夠獲得更高的報酬。

這個情境與股利再投資類似,而這也是我所知創造財富最穩健的方法之一。

我喜愛這個策略的其中一個原因是,不論美國總統是誰,歐洲、俄羅斯、伊朗或中東發生了什麼事,失業率和通貨膨脹率有多高等情況,這個策略都會有效(而且一直有效)。以上這些因素絕對會影響短期結果,但是長期下來卻毫無影響,甚至可能幫助你累積更多財富。我將在第 3 章討論熊市時解釋原因。

■ 股利投資創造財富的證據

投資配息型股票是長期在股市中獲利的最佳方式。但是別只因為我這麼說你就相信了。路易斯安納州立大學雪薇波特分校(Louisiana State University in Shreveport)的哈維‧魯賓(Harvey Rubin)和卡洛斯‧史帕特二世(Carlos Spaht II)說:「對於那些採用 10 年或 15 年長期投資策略的投資人來說,股利投資策略將帶來一生的財務自由。無論市場走向如何,穩定且不斷成長的股利是一個源源不絕的收入金流[5]。」

我在前幾頁才說過,沒有彈性的教條是行不通的,結果我現在一直這麼說,反而顯得我很沒有彈性。但是股利投資能創

造財富的證據就在數字中。

首先，投資股市本身就是有效的。如果你投資於整體市場指數，1937年以來85個滾動的10年期間中，其中有78個是獲利的，成功率高達92％。這還包括了股利再投資。

至於那七個出現虧損的10年期間，結束的年份分別是1937、1938、1939、1940、1946、2008和2009年。結束於1937至1940年以及1946年的期間，虧損與大蕭條有關。從1936年到1940年結束的那些10年期極為慘烈，平均虧損40％。而1946年結束的那個10年期則相對溫和，只虧損了11％。至於2008與2009年結束的10年期，各自虧損9％。

哈佛大學的保羅・艾斯奎斯（Paul Asquith）和小大衛・穆林斯（David W. Mullins Jr.）得出結論：那些開始支付並提高股利的公司，其股票為股東帶來了超額報酬。此外，初次支付的股利金額愈大以及後續股利成長愈多，表現的優勢也愈明顯[6]。

研究還顯示，在市場下跌時，配息型股票的績效顯著超越大盤。

巴布森學院（Babson College）的麥克・高德斯汀（Michael A. Goldstein）和凱薩琳・富勒（Kathleen P. Fuller）發現：「在下跌的市場中，配息型股票每月的績效比非配息型股票高出1％至2％，表現顯著超過市場上漲時的表現[7]。」

在經濟衰退期間，這種更好的績效會更加明顯。根據諾瓦東南大學（Nova Southeastern University）的亞伯特・威廉斯（Albert Williams）和米契爾・米勒（Mitchell Miller）的研究，

在 2001 和 2008 年的經濟衰退期間,標普 500 股利貴族指數（Dividend Aristocrats Index,第 2 章將進一步介紹這類股票）每年表現比標普 500 指數高出 6.45 個百分點[8]。

我將在本書稍後說明如何實現兩位數的殖利率,就算是在最疲弱的市場,績效受到的影響也會被抵銷,無論市場總體走勢如何,你都能獲利。

回想一下我在本章開頭提到的其他方法:價值型投資、成長型投資和技術分析。這些方法有時的確有效。但就我所知,任何能達到 92％成功率的系統、策略或方法,都能在長期股利再投資後,達到接近 100％的成功率。

對,我知道,你會說「這次不一樣」。我們正處於一個前所未有的時代:債台高築、高失業率、金融危機、聯準會和總統和國會都很無能,還有其他一切令人不愉快的狀況。

■ 市況惡劣時,市場報酬率依然保持正數

2020 年,由於世紀以來最嚴重的大流行病,全球陷入了不確定的封鎖狀態。市場因此大跌,但隨後又迅速反彈,並維持強勁直到那年結束。

接著,在 2021 年 1 月,一場暴力行動試圖推翻美國總統選舉結果。市場的反應如何?股市隨後立即上漲,並在當年持續走高。

再往前看,2009 年的情況也很糟糕,整個金融系統瀕臨

崩潰。但市場迅速反彈，在 2 年間翻漲一倍，5 年漲三倍。同樣地，在 1970 年代，房貸利率和通膨率都達到兩位數，每一任美國總統（尼克森、福特和卡特）的支持率都不斷下滑，似乎沒有什麼值得興奮的事情發生。但是從 1970 年代到 1980 年代，每一個 10 年期間的市場報酬率都是正的。

自 1937 年以來，股市每個滾動 10 年期的平均累計報酬率為 131%，包括了七個 10 年期是負報酬。自 1999 年（首次有 10 年的相關資料可使用）以來，標普 500 股利貴族指數每個滾動 10 年期的平均累計報酬率為 215%，而且每年都是正報酬。其中最低的 10 年是在 2008 年底為止的期間，但仍有 40%（當年股市暴跌 38%），而標普 500 指數截至 2008 年的 10 年期報酬則是虧損 9%（若不計股利則虧損 26%）。

我在 2014 年撰寫本書第二版時，看到某位政府官員的估算（我們都知道政府官員的估算有多「準確」），他預測由於嬰兒潮一代的資金退出市場，未來 10 年股市將下跌 13%。

但這種情況似乎不太可能發生，因為自那時以來市場已經上漲了 113%（不計股利）。要實現這個預測，市場必須從高點下跌 64%。我並不是說這完全不可能，但這種情況的可能性很低。

尤其是就像我所說明的，歷史上市場在 10 年期間給予正報酬的機率高達 92%。此外，嬰兒潮世代會將他們的資金放在哪裡？ 2022 年債券殖利率有所上升，雖然你可以獲得 5% 或 6% 的報酬，但根本跟不上通膨——尤其是在扣除稅款之後。

我寧可投資於一支有 4%股利殖利率的股票，而且股利持續成長、稅率較低，並且相信 10 年後的股價至少會維持在我今天買進時的價位。

　　但是你知道嗎？就算股價下跌，我還是能賺錢。

　　假設你以每股 20 美元的價格，買進一支股票 500 股，總投資金額 1 萬美元。這間公司每年支付 1 美元的股利，相當於 5%的股利殖利率。而且這間公司長期以來每年都會增加股利。接下來的 10 年，它每年平均會增加 5%的股利。

　　我們再假設政府官員說的沒錯，這支股票跟隨大盤，並下跌了 13%。

　　如果你在接下來的 10 年內將股利再投資，儘管股價下跌，但是股利在成長，你的投資後來將達到大約 17,000 美元。這表示你賺到了 70%的成長，複合年成長率為 5.45%──雖然股價下跌了 13%！

　　但是如果你投資年利率為 3%的 10 年期公債呢？10 年後，你會拿回 1 萬美元的本金，再加上 3,000 美元的利息，總共 13,000 美元，複合年成長率為 2.66%。

　　所以在這個例子中，雖然你投資的股票跌了 13%，但它的績效還是超過保本的 10 年期公債。

　　請花點時間想一想。你的股票價值下跌了，但是因為你把股利拿來再投資，所以報酬超過了 10 年期公債的保本報酬，而且這是考量到市場出現過去 76 年中第五大跌幅的情況。

　　對了，如果你在 10 年後決定開始花用股利，而不是拿來

再投資，那麼你將收到每股 1.63 美元的股利，比原來的 1 美元還要多。因為你之前將股利再投資，所以你領取的 1.63 美元股利是來自 975 股，而不是一開始的 500 股。所以你的殖利率將是原始投資的 15%。光是這一點，應該就能說服你去買進配息型股票。

跟上通膨的腳步

過去 30 年來，人們並沒有那麼重視通膨。結果到了 2022 年，物價開始暴漲。自 1914 年以來，美國的平均通膨率為 3.2%。自 2008 年大衰退以來，通膨一直處於極低的水準。直到 2021 年 3 月，我們才看到通膨率持續超過歷史平均水準。事實上，從 2009 年到 2020 年，年均通膨率只有 1.5%，低到幾乎可以不管它。

通膨率 3.2% 看起來相當溫和，尤其是對於記得 1970 年代和 1980 年代的人來說更是如此，那時的通膨率曾經達到兩位數。但即使只有 3.2%，20 年後你的購買力仍只剩下一半。

由於長期以來通膨偏低，人們低估了通膨對購買力的侵蝕性。儘管在過去十多年來，通膨平均低於 3.2% 的歷史數字，但購買力仍然被削弱。

2009 年要花 1,000 美元買的東西，到 2020 年可能需要 1,200 美元才買得到。

那麼，如果你正在為某個價格漲幅超過平均 3.2% 通膨率

的事物儲蓄，例如大學學費或退休金（以及相關的醫療費用），情況又是如何？

舉例來說，過去 20 年來，美國私立大學的學費漲了 144%，複合年成長率為 9.3%。而公立大學的本州州民學費則飆升了 211%，複合年成長率高達驚人的 12%。

那麼，你在哪裡能找到一個能成長 12% 的投資呢？今天，如果你把錢鎖定在公債中 20 年，你大概只能獲得每年 3.5% 的報酬。

我們就來看看，未來學費的漲勢會如何影響教育費用。目前在公立大學的本州學生，每年的學費、住宿、課本和雜費平均為 22,690 美元。私立大學的學生則平均需要支付 51,690 美元，不過我個人不知道哪間私立大學的學費這麼低。

自 1972 年以來，大學費用已經漲到通膨率的近五倍。

假設大學費用的漲幅只是通膨的兩倍而不是五倍，那麼 18 年後，你每年將必須支付 69,308 美元的公立大學學費，私立大學的學費則是 157,890 美元。希望你孩子的籃球球技很厲害，這樣就可以拿籃球獎學金上大學了。

所以如果你夠幸運，能為你的新生兒買 175,000 美元的公債，每年支付 3.5% 的利息，那麼你應該幾乎能支付 4 年學費所需的金額。但是請記住，這只是公立學校的情況。如果是私立大學，這筆錢根本不夠。你需要買 39 萬美元的公債。

大多數人不可能一次投入那麼多資金，為新生兒的教育基金做準備。所以他們需要讓自己的資金，成長得比公債或大多

數固定收益投資所能提供的收益更多。

這是個極端的例子，但是這樣你就可以看到，長期來說，公債很難讓資金增值。固定收益的問題之一，在於你無法像投資配息型股票那樣，透過收益再投資來實現複利成長。

你很快就會看到，當你投資於配息型股票時，達到 12% 的複合年報酬率是完全有可能實現的。事實上，如果你將股利再投資，那麼長期下來，你絕對可以每年賺取 12% 的報酬。

12%，這不是打錯字，而是真正的數字。透過投資於那些穩定支付股利的大型績優股，你每年可以賺到這樣的報酬（甚至更多），這些公司只需要跟隨市場的長期平均漲幅即可。而且以 12% 的年報酬率來看，只要你用 2,500 美元啟動大學基金，每年再增加 3,500 美元，當你的孩子高中畢業時，本州大學的學費就可以完全由這些累積的資金支付。

以上的計算並沒有納入額外的風險。我們並沒有要投資那些投機性的公司，它們的新技術可能成功、也可能失敗。我們所做的只是試圖選擇那些有長期支付股利的紀錄、跟著市場一起成長的公司。我即將說明的系統，將幫助你實現財務目標。

你需要知道該買哪種類型的配息型股票，才能實現最大的報酬。接著我就要開始說明怎麼做。

■ 實踐 10-11-12 系統

當我開始撰寫本書時，我的目標除了推廣股利投資的福

音,還有為讀者提供一個實現財務目標的過程。這個方法必須包含三個簡單但關鍵的部分:

1. 必須容易理解且能夠執行。
2. 必須有效。
3. 必須成本低廉。

我這輩子讀過非常多金融書籍和產品,很多聲稱有一個簡單的系統能讓我致富。問題是,這些方法通常沒有用。既不容易使用,成本也不低。

舉例來說,我曾讀過一本書建議讀者買進賦稅留置權狀(tax lien certificate),並解釋投資人如何從這些投資中,每年獲得 16% 的報酬。

也許某些人真的賺到了這樣的報酬,但是當我向出售這些留置權狀的全國各地郡政府辦公室查詢時,我發現能賺到幾個百分點的報酬就算不錯了。而且這個過程絕對不簡單,花費也不便宜。

有些其他策略則建議每年更換整個投資組合,這可能會產生數百美元的手續費,而且還需要花好幾個小時研究。

所以我決定建立一個系統,讓投資人可以輕鬆使用而且成本低廉,這樣他們就可以將精力投入真正令他們興奮的事情上,例如家庭、朋友、工作和愛好,而不是花費無數小時來調整和維護投資組合。

如果你是那種喜歡在白天查看股價、研究公司、關注商業新聞的人，那很好。如果我們見面，就會有很多話題可以聊。

但是大多數人希望投資後就忘記它，只要偶爾查看一下，確保一切按照計畫進行。

因此 10-11-12 系統誕生了。這個系統的設計是讓投資人在 10 年後能夠實現 11%的股利收益，而且整個投資組合的平均年報酬率達到 12%。 我要先說清楚，第一年的總報酬可能無法實現 12%。但是到了第十年，這整個 10 年期的年均報酬率應該會達到 12%。

這個系統簡單又容易使用，正如我之前提到的，在我建立 10-11-12 系統時，我向 10 歲的兒子解釋，他馬上就理解了這個概念，並且對於投資的展望非常興奮。他拿出了生日收到的錢和一些零用錢，買進我在書中提到的那種類型的股票，他知道這筆錢到了他上大學時，應該會增值超過一倍。

這孩子即將大學畢業時，他的股利股票組合年均總報酬率超過了 13%。

當他從學校畢業時，即使他沒有立即找到工作，也不必搬回父母家的老房間。他可以和一些朋友合租公寓，開始自己的人生，不會有父母在旁干涉他的生活。

而且，因為大多數折扣券商現在都已不再收取買股票的手續費，這樣投資就不需要你支出任何額外的費用。簡單又容易使用，而且有效。

舉例來說，伊利諾工具公司（Illinois Tool Works，NYSE：

ITW）過去 49 年來每年都提高股利，過去 10 年來股利再投資後的報酬率為 322%。這是一個真實的例子，不是理論而已。10 年後，投資於伊利諾工具公司的 1 萬美元變成了 42,200 美元，而同一時期投資於標普 500 指數的 1 萬美元，只增加到 33,260 美元而已。

那麼，我們就開始吧，讓你立即開始賺取 12% 的報酬。

本章摘要

- 儲蓄——嘗試將你收入的 10％ 儲蓄起來，然後把這筆錢投入到配息型股票中。如果你無法儲蓄 10%，可以先不要存這麼多，然後再逐步增加。
- 投資於配息型股票，是在股市中創造財富的最佳方式。
- 與公債不同的是，配息型股票將幫助你擊敗被通膨侵蝕的購買力。
- 10-11-12 系統的設計，長期下來會產生 12% 的年報酬，成本幾乎為零，執行非常簡單，而且在你多年使用過程中占用的時間極少。
- 我百分之百確信，我是第一個將傳奇拳擊手小羅伊‧瓊斯的粉絲與網路股投資人進行比較的人。

CHAPTER 2

永久股利成長股是什麼？
有哪些類型？

我剛進入金融業時擔任交易台助理,最後升職成為交易員。在我學會透過閱讀資產負債表和損益表來分析公司之前,我先學到的是讀股票線圖。

以下是解讀股票線圖的兩個核心概念:

1. 趨勢是你的朋友。
2. 趨勢一旦形成,通常會持續下去。

簡單來說,這兩個概念的意思是:股票會沿著原來的方向繼續前進,直到不再繼續為止。好棒棒的洞察力!

當你查看一張正在上升的股票線圖時,儘管其中可能有一些小幅修正,但你會發現它通常會沿著一條對角線(稱為趨勢線)向上移動。沿著這類趨勢線前進的股票通常會繼續保持這個走勢,直到某種變化改變了它的方向。導致方向改變的原因可能是財報結果不佳、經濟數據不利,或是大型機構拋售股票。通常當趨勢被打破,股票就可能會反轉。

我之所以提到這點,是因為對於那些持續提高股利的公司來說,情況也是如此。

通常來說,具有持續提高股利趨勢的公司,通常隔年會再次提高股利,之後的每一年也是⋯⋯除非無法再繼續提高股利。公司的經營團隊都知道,投資人已經期望每年都能看到股利增加,而任何改變這個政策的行為,都可能讓投資人急著出場。

我稱這些公司為「永久股利成長股」（Perpetual Dividend Raiser），而且不只一種類型，以下進行介紹。

股利貴族

股利貴族（Dividend Aristocrat）的概念很簡單。股利貴族是標普 500 指數的成份股，且已經至少連續 25 年每年都提高股利。

這些公司主要是擁有悠久歷史的績優企業，以不斷成長的收益和股利聞名。

如果你的投資目標是希望在酒會上吹噓自己對新科技的了解，以及炫耀自己能靠這些科技背後的公司賺到百萬財富，那麼股利貴族可能不適合你。

大多數人不會覺得生產汽車替換零件的純正零件公司（Genuine Parts，NYSE：GPC）是間有趣的公司。我甚至不確定該公司的執行長覺得替換零件是有趣的事。

但這是一間非常賺錢的公司——2021 年達到 8.99 億美元，自 1956 年以來每年都提高股利。相當令人興奮。

想想看，自 1956 年以來發生的事：古巴飛彈危機、暗殺甘迺迪、越戰、水門事件、能源危機、冷戰、日本崛起、中國崛起、911 恐怖攻擊、網路泡沫破裂、房市崩潰、波士頓紅襪奪冠、全球金融危機和新冠疫情……，在這些困境甚至有些是悲劇的事件中，即使評論家大喊「天要塌了」，或當經濟真的

陷入衰退，甚至瀕臨崩潰時（例如 2008 年），純正零件公司仍然專注於本業，製造並銷售汽車零件，每年都將更多資金返還給股東。

純正零件公司前一次沒有提高股利的時候，美國總統是德懷特・艾森豪（Dwight Eisenhower），洛基・馬西安諾（Rocky Marciano）是拳擊重量級冠軍、貓王才剛在路易斯安納州 KSLA 電視台的《路易斯安納乾草車》（*Louisiana Hayride*）節目中首次亮相。

那是很久以前的事了。

所以這間公司真的很令人興奮。

■ 關於指數

標普 500 股利貴族指數（S&P 500 Dividend Aristocrats Index）成立於 1989 年，目前的成份股是 69 間公司，每年進行一次再平衡。如果一間公司連續第 25 年提高股利，到了隔年 1 月就會被納入指數中。如果沒有提高股利，則會被剔除。

要成為標普 500 股利貴族，就必須符合四個條件：

1. 必須是標普 500 指數的成份股。
2. 至少連續 25 年，每年都提高股利。
3. 在指數再平衡當日市值至少達到 30 億美元。
4. 再平衡日前 6 個月內，每日平均交易額至少達到 500 萬

美元。

2022 年有兩間公司被納入指數：布朗保險（Brown & Brown，NYSE：BRO）和丘奇＆德懷特（Church & Dwight，NYSE：CHD）；同時有兩間公司被剔除：美國電話電報公司（AT&T，NYSE：T）和禮恩派（Leggett & Platt，NYSE：LEG）。值得注意的是，禮恩派並不是因為沒有提高股利而被剔除，其實這間公司已經連續 51 年提高股利。但是因為公司被標普 500 指數剔除，因此不再符合股利貴族指數的資格。

指數中的每一間公司都給予相同的權重。這表示公司的規模不會影響指數表現的計算。市值 200 億美元的公司對指數的影響，與市值 400 億美元的公司相同。

產業多元化等其他變數，也可能影響公司是否能被納入指數。但是這些因素的影響不大，最關鍵的因素仍是連續 25 年提高股利，以及身為標普 500 指數成份股。

這個指數非常適合用來展示各種績效統計數據，說明股利貴族為何是優質投資標的，以及這些個股如何超越標普 500 指數的績效。但你無法直接買進這個指數。追蹤標普 500 股利貴族指數的 ETF——標普 500 股利貴族 ETF（ProShares S&P 500 Dividend Aristocrats ETF，CBOE：NOBL）於 2013 年 10 月推出。

ETF 是一種像股票一樣交易的基金，通常追蹤某個指數或產業，並採取被動管理方式——也就是說，投資經理人不會根

> 據經濟、市場或公司前景來主動做出買賣決策。ETF 中的股票交易主要是根據個股是否納入指數或產業中，或是該股的權重變化。

另外還有一支以標普高收益股利貴族指數（S&P High Yield Dividend Aristocrats Index）為主的 ETF。這個指數的成份股是標普綜合 1500 指數（S&P Composite 1500 Index）中，股利殖利率最高的 149 間公司，這些公司已連續 25 年提高股利。

這支 ETF 名稱是 SPDR 標普高股利 ETF（SPDR S&P Dividend ETF，NYSE：SDY），目標是複製標普高收益股利貴族指數的表現。市場上還有其他多支基金，針對股利貴族主題進行不同的延伸與變化：

ProShares 標普中型股 400 股利貴族 ETF（ProShares S&P MidCap 400 Dividend Aristocrats ETF，CBOE：REGL），投資於有連續 15 年股利成長紀錄的中型股公司。

ProShares 標普科技股利貴族 ETF（ProShares S&P Technology Dividend Aristocrats ETF，CBOE：TDV）持有連續 7 年提高股利的美國科技公司股。

First Trust 標普國際股利貴族 ETF（First Trust S&P International Dividend Aristocrats ETF，Nasdaq：FID）投資於美國以外的公司，這些公司在過去 10 年中維持或提高股利。請注意，這些公司不一定非要提高股利，就可以符合這支 ETF 的資格。

FT Vest 標普 500 股利貴族目標收益 ETF（FT Vest S&P 500 Dividend Aristocrats Target Income ETF，CBOE：KNG），持有連續 25 年提高股利的標普 500 股票，並由基金經理人針對 ETF 內的股票賣出掩護性買權（有關掩護性買權的詳細資訊，請參閱第 10 章。）

買進這些 ETF 很方便，所以可能很令人心動，但是因為以下幾個原因，我不建議買進或持有這些 ETF。

- 股利波動大。買進股利貴族或任何永久股利成長股的主要原因之一，就是希望每年都能享受到持續成長的股利收益。不同於其投資組合中的股票，追蹤標普 500 股利貴族指數的標普 500 股利貴族 ETF 並未每年提高自己的股利。其實這支 ETF 每季的股利波動幅度很大。

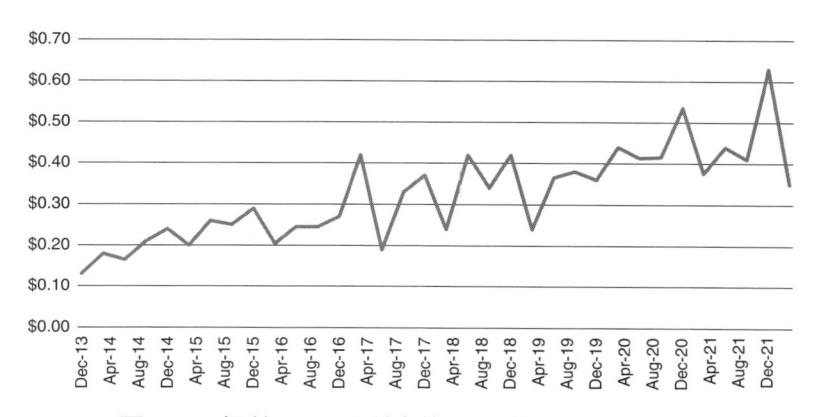

圖 2.1　標普 500 股利貴族 ETF 的股利波動情況

- 無法控制產業的配置。舉例來說，ProShares 標普中型股 400 股利貴族 ETF 投資組合的 27％集中於金融業。這並不特別令人驚訝，因為金融類股通常股利殖利率會比較高。但你應該對自己的投資組合有更多控制權，以按照自己的投資策略進行配置。
- 很多時候我們投資個股，股利殖利率比這些 ETF 還要更高。

目前美國並沒有專門針對股利貴族的共同基金。

股利冠軍

股利貴族的股票代表的是績優股中的頂尖選擇──具有穩健基礎的企業，擁有連續 25 年以上提高股利的紀錄。

但是因為每年符合指數資格的股票大約只有 50 支，我們需要擴大選擇範圍，特別是並非每支貴族股的股利殖利率都很理想。一間公司連續 25 年提高股利，並不表示它擁有吸引人的股利殖利率。

股利殖利率一開始可能非常低，並且成長速度緩慢。或是股票價格飆升，導致殖利率下降。舉例來說，勞氏公司（Lowe's Companies，NYSE：LOW）已連續 60 年提高股利，但目前的殖利率仍只有 2.1％。

所以我們需要擴大範圍，尋找具備可觀收益且具備股利成

長歷史的公司。

接著就要介紹冠軍股。

Wide Moat Research（www.widemoatresearch.com）維護一份名為「股利冠軍」（Dividend Champion）的名單。這些股票與「股利貴族」類似，所屬公司至少連續 25 年調升股利。不過，它們不需要是標普 500 成分股，也沒有流動性或其他限制，唯一條件就是連續 25 年提高年度股利。

我喜歡「冠軍」這個名稱，因為這讓我聯想到我最喜愛的運動──拳擊，讓我知道成功的職業運動員不一定要身高 190 公分、體重破百。我看過體重只有 56 公斤的成人進入拳擊場地，仍被熱情的觀眾當成世界重量級冠軍一般尊敬（甚至超越尊敬）。

冠軍清單中的一些小型股也證明，成功不一定需要規模龐大。有很多公司的市值不到 10 億美元，但仍是優秀的收益投資標的。

例如，第一金融公司（First Financial Corp.，Nasdaq：THFF）就是一支冠軍股。這間公司是一間擁有 188 年歷史的銀行，為印第安納州和伊利諾州的客戶提供服務。其市值僅 5.57 億美元，日均交易量約為 7.3 萬股。相較之下，像是金百利克拉克（Kimberly-Clark，NYSE：KMB）這樣的股利貴族，市值高達 440 億美元，日均交易量高達 200 萬股。

如表 2.1 所示，「股利冠軍」的清單中包含「股利貴族」，但不限於此。通常「冠軍」清單的數量是「貴族」的兩倍以上。

股利貴族絕對是股利冠軍,因為這些公司已經連續 25 年提高股利;但若某支股票未被納入標普 500 指數中,就算是「冠軍」也不會被納入「貴族」中。

表 2.1　永久股利成長股

名稱	製表者	條件	附註
股利貴族	標普道瓊指數	連續 25 年調高股利 標普 500 成份股 流動性要求	包含在冠軍清單中
股利冠軍	Wide Moat Research	連續 25 年調高股利	包含股利貴族
股利衛冕者	Nasdaq OMX	連續 10 到 24 年調高股利 流動性要求	包含在挑戰者清單中
股利挑戰者	Wide Moat Research	連續 10 到 24 年調高股利	包含衛冕者
股利初級挑戰者	Wide Moat Research	連續 5 到 9 年調高股利	

資料來源:S&P Dow Jones Indices, Nasdaq OMX, Wide Moat Research。

　　冠軍清單中的一些股票,為散戶投資人帶來專業基金經理人無法獲得的優勢。某些冠軍股的公司規模較小,因此機構投資人(如共同基金經理人)若大量買進這些股票,將會顯著影響其股價。此外,由於流動性不佳的問題,基金經理人在出售這些股票時也可能面臨困難。

　　舉例來說,如果某位共同基金經理人希望持有數百萬股第一金融公司的股票,考慮到該公司每日僅交易 73,000 股,無論

是買進還是賣出，都會是個很大的挑戰。

但是散戶若只想買進幾千股或甚至更少的股票，在市場中買賣完全沒有問題。在這種情況下，管理數百萬元資金的基金經理人，反而不如散戶投資人來得靈活。

專業基金經理人只能投資於市值夠大的公司股票，因為可以容納大規模資金流入，且必須買進足夠數目的股票，來對基金的績效產生影響。而散戶投資人則可以在不影響股價或引起注意的情況下自由交易股票。能夠買進那些專業投資人無法涉足的股票，是散戶勝過機構基金經理人的其中一個優勢。

當你研究永久股利成長股時，你會發現許多交易量不大的股票，雖然規模較小，但卻是股利成長歷史悠久的優質公司。你可以輕鬆買進，但是富達和先鋒的基金經理人卻必須放棄。

■ 初級貴族股

在我撰寫本書的上一版時，市場上只有約 50 支股利貴族和 100 支股利冠軍，精確的數字是 54 支貴族和 107 支冠軍。

但是隨著股利投資愈來愈受歡迎（或許在某種程度上也要感謝這本書），尤其是投資於股利成長型公司的策略，更多公司開始每年提高股利。

目前，股利貴族有 69 支，股利冠軍則有 137 支。

雖然 137 支股票看起來很多，但與股利貴族一樣，並非所有冠軍的殖利率都有吸引力。雖然它們每年提高股利，許多股

票的殖利率仍低於 3%。所以我們需要進一步擴展選擇範圍。

接下來要考慮的股票組合是股利衛冕者（Dividend Achiever）和股利挑戰者（Dividend Contender）。

股利衛冕者已經連續 10 到 24 年提高股利，而且只需要符合簡單的流動性要求。

這個清單一開始是由穆迪投資人服務（Moody's Investors Service）於 1979 年時建立，現在則是由 Nasdaq OMX 製表。目前已有多支 ETF 追蹤股利衛冕者。

Vanguard 股利增值 ETF（Vanguard Dividend Appreciation ETF，NYSE：VIG）追蹤那斯達克美國股利衛冕者精選指數（Nasdaq US Dividend Achievers Select Index）。

Invesco 高股利 ETF（Invesco Dividend Achievers ETF，Nasdaq：PFM）追蹤那斯達克美國廣義股利衛冕者指數（Nasdaq US Broad Dividend Achievers Index）。

一個重要的區別在於，廣義股利衛冕者指數可以包含不動產投資信託（REITs）和業主有限合夥（MLPs），而精選指數則不能。這類股票的殖利率通常比較高。我會在第 6 章中討論不動產投資信託和業主有限合夥。

Invesco 非投資等級股利 ETF（Invesco High Yield Equity Dividend Achievers ETF，Nasdaq：PEY）追蹤那斯達克美國股利衛冕者 50 指數（Nasdaq US Dividend Achievers 50 Index）。這個指數包含廣義股利衛冕者指數中殖利率最高的前 50 支股票。這些股票不能是不動產投資信託和業主有限合夥，而且市

值必須至少達到 10 億美元。

股利衛冕者是初級的股利貴族，股利挑戰者則類似初級的股利冠軍。

股利貴族和股利衛冕者的清單，分別由標普道瓊指數和那斯達克兩個機構製表。兩個清單每年重新調整一次。股利冠軍和挑戰者的清單則由 Wide Moat Research 的賈斯汀・洛（Justin Law）每月更新。

公司只需要連續 10 到 24 年提高股利，就可以被列為股利挑戰者。和股利冠軍一樣，挑戰者不需要符合流動性或指數的其他要求。

正如所有貴族都是冠軍，但並非所有冠軍都是貴族；所有衛冕者都是挑戰者，但並非所有挑戰者都是衛冕者。

在連續提高股利的年數上，股利冠軍和挑戰者與股利貴族和衛冕者的要求一致，但沒有其他限制條件。

股利挑戰者之下還有股利初級挑戰者（Dividend Challenger），這些是已連續 5 到 9 年提高股利的公司。股利初級挑戰者也包含在賈斯汀・洛和 Wide Moat Research 追蹤的統計中。

你可能會很自然地認為應該選擇股利冠軍，因為這些公司提高股利的時間較長。畢竟擁有 25 年（或更長）提高股利歷史的公司，似乎比那些只有 5 年紀錄的公司更有可能持續提高股利。

通常一年中約有不到 10% 股利冠軍無法每年提高股利，而大約有 15% 的股利挑戰者和初級挑戰者無法提高股利。

但是要了解的是，由於股利冠軍的企業往往已經是成熟的企業，或是股利計畫較為成熟，它們的殖利率與股利成長率通常（但並非總是）低於挑戰者。

舉例來說，截至 2022 年 6 月，冠軍的平均殖利率為 2.5%，而挑戰者和初級挑戰者均為 2.6%。最近的平均股利成長率分別為 5.6%、8.5% 和 12.0%。目前冠軍和挑戰者的成長率低於 10 年平均值，但初級挑戰者的最近股利成長則高於 10 年平均成長率。

這些差異雖然看似微小，但一段時間下來會逐漸放大（表 2.2）。

表 2.2　冠軍、挑戰者與初級挑戰者

	平均殖利率	最近股利平均成長	原始投資十年殖利率*	十年來獲得收益（投資 1 萬美元）*
冠軍	2.5%	5.6%	4.1%	$3,233
挑戰者	2.6%	8.5%	4.5%	$3,857
初級挑戰者	2.6%	12.0%	7.2%	$4,562

＊為估計值
資料來源：Wide Moat Research、馬克‧利希滕菲爾德。

如果投資於股利冠軍，且每年股利以 2022 年的成長率持續成長，10 年後你的股利殖利率將達到 4.1%。若投資於挑戰者，殖利率將增至 4.5％。假設初始投資為 10,000 美元，10 年後你將從挑戰者中獲得 3,857 美元的收入，從冠軍中獲得

3,233美元。初級挑戰者憑藉其更高的股利成長率,大幅領先其更成熟的同業。10年後,股利殖利率將飆升至7.2％,1萬美元的投資能產生4,562美元的收入。

正如華爾街大多數的投資一樣,表面上比較安全的投資,通常提供比較低的殖利率與成長前景。以這個情況來說,我指的是股利成長,但是比較安全的公司通常股價成長也較慢,而風險較高的公司則成長較快。

投資人需要在安全性與收入或成長需求之間取捨。挑戰者或衛冕者仍可以是相對安全的個股。總部位於德拉瓦州威明頓的化工企業阿許蘭（Ashland Inc.,NYSE：ASH）,已經連續13年提高股利。自2010年以來,其股價的複合年成長率達到12.5％（不包括股利）。

在初級挑戰者類別中,像奧特泰爾（Otter Tail,Nasdaq：OTR）這樣的公司已連續9年每年提高股利。股價在這段期間上漲了243％,相當於每年的複合年成長率為13.9％。

初級挑戰者公司因提高股利的歷史較短,調高股利的速度通常比冠軍和挑戰者來得更快（表2.3）。

表2.3　截至2022年6月的年度股利成長率

	1年	3年	5年	10年
冠軍	5.6%	6.4%	6.8%	7.7%
挑戰者	8.5%	9.5%	10.4%	12.9%
初級挑戰者	12.0%	14.9%	16.9%	9.5%

資料來源：Wide Moat Research。

■ 存活率

從上述統計資料來看，你可能會認為投資於初級挑戰者是比較好的選擇。畢竟這些公司的殖利率和股利成長率都比較高。此外，在最近的股利成長中，其1年、3年、5年和10年的股利成長率也比較高。

但是你必須考慮到存活率——也就是我們正在查看的公司，是那些未從挑戰者名單中被移除的公司。換句話說，有些公司可能幾年前看似會持續提高股利，但卻因為沒有達成而被移出名單。

舉例來說，直到2009年2月，金融服務公司F.N.B. Corp.（NYSE：FNB）有29年的連續股利成長歷史，但是在股利成長近30年後，該公司將當季股利從0.24美元降低至0.23美元。所以F.N.B.就不再被納入任何與冠軍相關的股利成長率或總報酬的計算中。

天然氣管道公司Oneok（NYSE：OKE）是另一個較近期的例子。從2004年到2020年，該公司將年度股利從0.88美元提高到3.74美元，複合年成長率達到令人羨慕的9.5%。但在2021年，公司並沒有提高股利，而是將年度股利維持在3.74美元，因而不再符合挑戰者的資格。

在本書後面我會說明，投資於一個持續提高股利的公司，繼續看到股利每年成長的機率很高——尤其是在你學會如何挑選股票以確保股利安全之後。

本章摘要

- 股利貴族（Dividend Aristocrat）是指標普 500 指數成份股中，至少連續 25 年每年提高股利的公司。
- 股利冠軍（Dividend Champion）是任何連續 25 年提高股利的公司。
- 初級貴族（Junior Aristocrat）包括連續提高股利 5 到 25 年的公司。
- 比起買股利 ETF 或基金，買進個股賺的錢更多。
- 純正零件公司的執行長可能因業務過於單調無聊，而在辦公室打瞌睡。（好吧，他應該沒有打瞌睡，但就算有也不會有人怪他。）

CHAPTER 3

過去的績效不保證未來的結果,但已經相當接近

你一定看過許多共同基金的廣告，說這支基金賺了多少錢，但也警告你過去的表現無法保證未來的結果。只因為某一支基金在某一年上漲了 10%，並不表示基金經理人能在下一年重複這樣的成績。

事實上，績效最好的共同基金，往往會在未來落後基準指數及其他同業[1]。根據貝雅（Baird）的一項研究，在任 3 年期間內，績效前四分之一的共同基金經理人中，有 85% 的績效落後基準指數至少 1 個百分點，而其中 50% 基金經理人的績效甚至落後基準指數 3 個百分點。

> 基準指數（Benchmark）是用來衡量基金或投資組合表現的一項標準。基準指數可以是像標普 500 指數這樣的廣泛市場指數，也可以是像那斯達克生技指數這樣的窄範圍指數。
>
> 將一支專注於生技領域的共同基金與標普 500 指數相比並不公平，因為生技股通常波動性比較大。舉例來說，假設標普 500 指數全年上漲 10%，而那斯達克生技指數下跌 5%，但某支生技共同基金卻上漲了 5%。雖然這支基金的表現不如整體市場，但卻比生技類股的整體表現好得多。在這種情況下，這支基金可能會被認為非常成功，因為它打敗了自己的基準指數。

但對於永久股利成長股來說，情況並非如此。儘管未來股票價格的漲跌可能與過去的表現無關，但股利通常與過去的趨勢有非常密切的關聯。

一間公司如果已連續 25 年提高股利，很可能在第 26 年繼續提高，然後第 27 年、第 28 年也如此……。

正如我在下一章將解釋的，經營團隊向股東支付並提高股利的理由非常充分。在幾十年後改變公司的股利政策（例如停止提高股利）是一個重大改變，公司通常不會輕易做出這樣的決定。

事實上，當一間公司被移出標普 500 股利貴族指數時，並非都是因為公司沒有提高股利。有時候公司是因為被收購、合併或其他公司重組而被剔除。

例如，在 2022 年 4 月，人民聯合金融公司（People's United Financial）在被 M&T 銀行（M&T Bank，NYSE：MTB）收購後，被移出該指數。

同年稍早，美國電話電報公司因為打算分拆華納媒體（Warner Media）而未能提高股利。美國電話電報公司知道，分拆之後的公司將不再擁有過去的現金流，能夠支撐過去的股利水準。而標普 500 股利貴族指數中的其他公司仍然繼續提高股利。

在前一年（2021 年），有 6 間公司被移出該名單。舉例來說，雷神公司（Raytheon）在合併後成為雷神技術公司（Raytheon Technologies，NYSE：RTX）。開利公司（Carrier Global，NYSE：CARR）和奧的斯電梯（Otis Worldwide，NYSE：OTIS）其實提高了股利，但因為這兩間公司是從聯合技術公司（United Technologies）分拆後才被加入指數，並沒有連續 25 年提高股利的歷史，所以才被降級。禮恩派公司則因

為不再是標普 500 指數成員而被降級。

在 2020 年（新冠肺炎封鎖期間），只有兩間股利貴族刪減股利：羅斯百貨（Ross Stores，Nasdaq：ROST）和赫爾默里奇和佩恩材料（Helmerich & Payne，NYSE：HP）。在全球經濟前所未有的停擺期間，57 間公司中只有 2 間降低股利。

通常你有超過 90％ 的機率，可以看到你投資的股利貴族公司繼續提高股利。即使在美國經濟瀕臨全面崩潰的大衰退期間（Great Recession），股利貴族指數中大約 80％ 的公司，仍然繼續提高其股利。不只是支付股利而已，而是提高股利。

當你投資永久股利成長股，你的期望是這些股票帶來不斷成長的收入，或是透過股利再投資帶來強大的複利致富機會。

你大概不希望每一季都讀財報，擔心公司的前景如何、擔心今年是否有足夠的現金提高股利。而對於永久股利成長股，你通常不需要這麼做。這些公司透過 15 年、30 年，甚至 50 年的表現，證明了自己有能力提供股東所期望的收益。

這正是永久股利成長股吸引人的原因。這些是股市中最不麻煩的投資選擇。

但是這並不表示你可以完全不去管你投資的股票。本書設計的投資組合至少要長達 10 年的持有期。你仍然應該偶爾留意一下每間公司，確保股利都正常支付，而且每年都提高，並確認沒有危機會威脅到股利支付或公司的長期體質和前景。

即使是穩健、管理良好的公司，也可能偶爾踩到「地雷」，導致前景發生變化，讓你最初投資的理由不再成立。

但是如果你能學會不被公司業務中的每一個小波動影響，就像分析師常常因為微不足道的細節而過度緊張，你會更容易繼續持有你的股票，讓時間和股利的複利成長為你賺錢。

如果公司的經營團隊以股東的長期利益為目標來經營業務，那麼某一季的每股收益低於預期幾美分其實並不重要。事實上，如果市場反應過度，對於正在將股利再投資的投資人來說反而是好事，因為他們可以用更低的價格，將股利再投入這支股票。

你當然需要關注你所投資股票的業務狀況和長期前景，但不要因為某一筆資料或某一則新聞就做出買賣決策。

我將在第 5 章中說明，投資於這類股票的一大原因在於它很簡單，以及你只需要花費很少的時間來維護你的投資組合。不要被新聞媒體的誇張報導或其他財經媒體的危言聳聽牽著鼻子走──那些報導的目的是要吸引你不斷關注它們的資訊。這可是經常出現在財經媒體上的人給的建議。

如果你能堅持到底，接下來的 10 年，你所建立的永久股利成長股投資組合，將為你創造一條不斷成長的收入金流，或是帶來財富成長，而這幾乎不需要你付出太多精力。

■ 永久股利成長股的表現

讓我賺大錢的從來不是我的思考，而是我耐心的等待。
──傳奇投資人傑西・李佛摩（Jesse Livermore）

許多研究顯示，提高股利的公司，股價表現優於那些沒有提高股利的公司。

根據奈德戴維斯研究的資料，從 1972 年到 2010 年，提高股利或開始支付股利的公司，股價表現顯著優於那些沒有這麼做的公司。而不支付股利甚至刪減股利的公司，股價表現更是比不上支付和提高股利的公司。

經過 38 年，刪減股利的公司，最初投資 100 美元只剩下 82 美元，複合年成長率為 -0.52%。不支付股利的公司價值僅增至 194 美元，複合年成長率僅 1.76%。支付股利但維持不變的公司價值達到 1,610 美元，複合年成長率為 7.59%。而提高或開始支付股利的公司價值達到 3,545 美元，複合年成長率為 9.84%（圖 3.1）。

每年 9.84% 的報酬率長達 38 年，已經算是相當穩健的報酬率。但稍後我會說明如何實現至少 12% 的年報酬率，這樣在同樣的時間內，100 美元的投資將增至 7,500 美元左右。

歷史上來說，標普 500 股利貴族指數的表現一直優於標普 500 指數。自該指數於 1990 年成立以來，股利貴族的報酬率達到 3,596%，而標普 500 的報酬率為 2,028%。

有趣的是，股利貴族唯一落後整體市場的時期是當估值過高、市場泡沫過多以及泡沫過度膨脹的時候。例如在 1990 年代末期的網路泡沫期間，穩定且被視為「無聊」的配息型股票被冷落，因為投資人湧向所有高風險的投資標的。

許多專家當時稱這是一種「新典範」，他們宣稱：「這次不

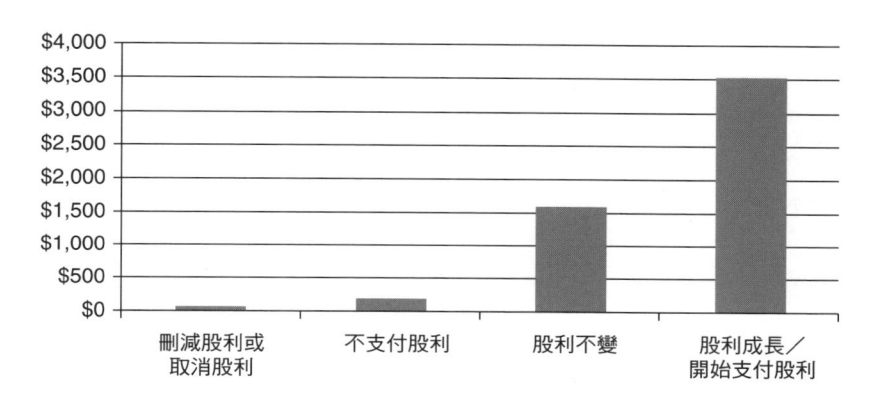

```
$4,000
$3,500
$3,000
$2,500
$2,000
$1,500
$1,000
$500
$0
```

刪減股利或取消股利　不支付股利　股利不變　股利成長／開始支付股利

圖 3.1　1972 到 2010 年：原始投資金額 100 美元

資料來源：奈德戴維斯研究。

一樣。」投資於傳統的績優股公司就像是在浪費錢。當你有機會投資像寵物網路公司（Pets.com）這樣炙手可熱的成長型股票時，幹嘛要選擇可口可樂（NYSE：KO）這樣的公司呢？

從圖 3.2 就可以看得出來，當市場一反轉，投資人恢復理智後，股利貴族的表現就大幅超越標普 500 指數。

但是從 2014 年至 2020 年間，股利貴族的表現又再次落後，因為股市正處於一個持續 12 年的牛市中後期階段。

但情況在 2020 年夏季發生了轉變。當時投資人轉向更具有安全性的股利股和估值較低的個股。經過 10 年不怎麼樣的表現後，價值型股票再度受到青睞，而大多數股利股，尤其是那些提供吸引人殖利率的股票，正好就是價值型股票。

標普股利貴族vs.標普500指數的績效

圖 3.2　股利貴族 vs. 標普 500 指數

資料來源：Dividend Growth Investor。

　　此外，股利貴族的績效優於標普 500 指數，而且風險更低。過去 10 年來，標普 500 股利貴族指數的標準差（standard deviation，衡量波動性的指標）是 16.3%，而標普 500 的標準差則是 17.9%，這顯示股利貴族的波動性（風險）低於整體市場。

　　如圖 3.3 所示，由《股利與收益日報》（Dividends and Income Daily）的艾倫・古拉（Alan Gula）編製的圖表顯示，40 年來，刪減股利或不支付股利的公司，報酬率較低、風險較高（以標準差衡量）。相較之下，提高股利的公司和首次宣布支付股利的公司，表現出的報酬率最高、風險則是最低。

　　另一種衡量績效的方式是使用夏普值（Sharpe ratio）。我們

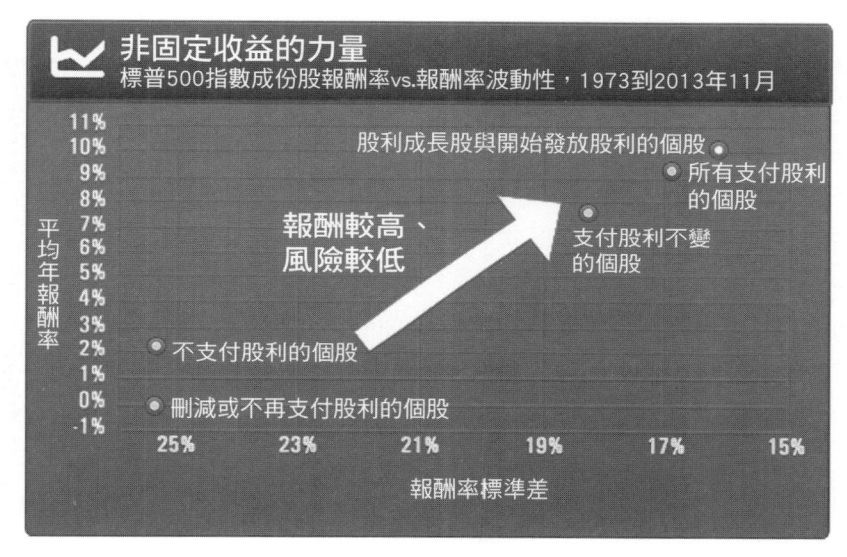

非固定收益的力量
標普500指數成份股報酬率vs.報酬率波動性，1973到2013年11月

平均年報酬率／報酬率標準差

- 股利成長股與開始發放股利的個股
- 所有支付股利的個股
- 支付股利不變的個股
- 報酬較高、風險較低
- 不支付股利的個股
- 刪減或不再支付股利的個股

圖 3.3　非固定收益的力量

資料來源：圖：艾倫·古拉，《股利與收益日報》；資料：奈德戴維斯研究。

不深入探討其複雜的數學公式，只解釋夏普值衡量的是投資報酬相對於所承擔風險的比例。它是一種在考量風險的情況下，比較投資報酬的方法。數值愈高，表示風險調整後的報酬愈好。

過去 10 年來，標普 500 股利貴族指數和標普 500 指數的全年總報酬率幾乎相同，分別為 14.2%和 14.4%。但當使用夏普值進行風險調整後的比較時，可以發現股利貴族指數的績效最佳，其夏普值為 0.88，而標普 500 指數僅為 0.78。

> **衡量風險**
>
> 衡量投資風險的方法有很多，包括標準差和夏普值。
>
> 標準差表示一檔股票的價格在 95％機率範圍內會波動的幅度。
>
> 夏普值是一個數字化的指標，用來表示投資人相對於承擔的風險，獲得了多少報酬，數字愈高愈好。
>
> 舉例來說，投資人若買進低價的生技股，自然會期望獲得極高報酬，因為這類投資風險非常高。如果這種投資每年只能帶來 8％的報酬率，那就完全沒有意義，因為透過投資風險更低的績優股，就能實現這樣的目標。

表 3.1 比較標普 500 股利貴族指數和標普 500 指數的風險與報酬。

從圖 3.4 可以看得出來，過去 5 年和 10 年，股利貴族的報酬率略高於標普 500 指數。但是股利貴族的夏普值卻顯著高於標普 500 指數。這一點很重要，因為投資股利貴族不只能賺到與標普 500 相同或更多的報酬，若把風險納入考量，報酬還會更高。

表 3.1　股利貴族：績效差不多，風險更低，
2012 年 7 月至 2022 年 7 月

	標普 500 股利貴族指數	標普 500 指數
年化總報酬率	14.2%	14.4%
標準差	16.3%	17.9%
夏普值	0.88	0.78

年化總報酬率

(圖表：5年與10年期間之標普500股利貴族指數與標普500指數比較)

年化夏普比率

(圖表：5年與10年期間之標普500股利貴族指數與標普500指數比較)

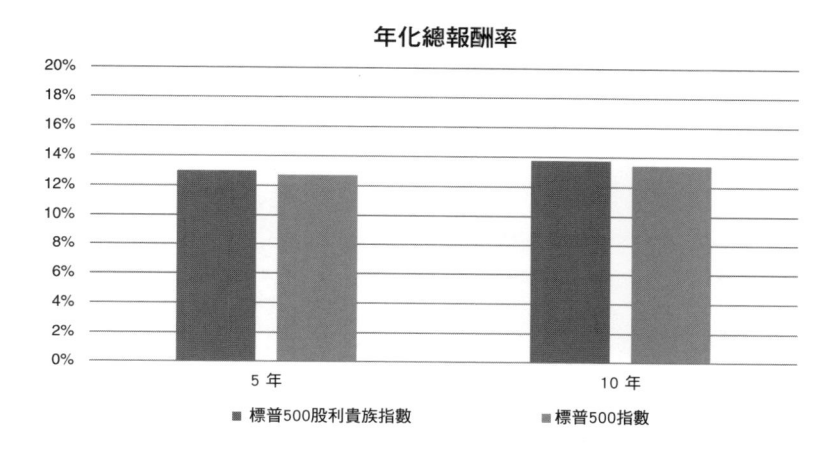

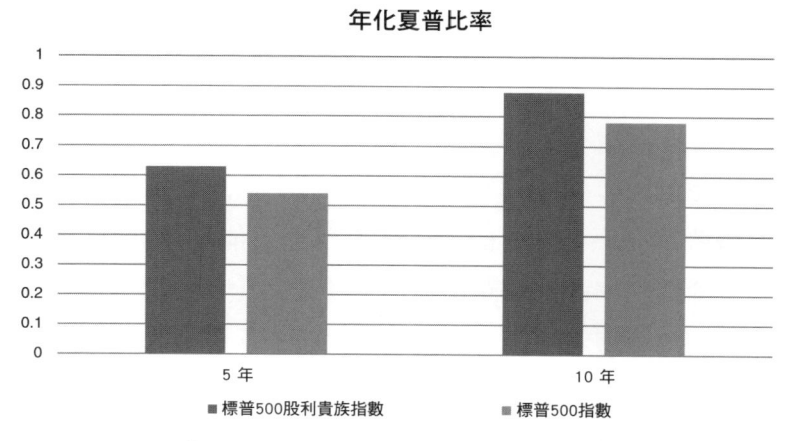

圖 3.4　絕對報酬相同或更好，經風險調整後的報酬更佳

接著我們來看一個關於某支股利貴族股票的極端例子。

信達思（Nasdaq：CTAS）過去 39 年來每年都提高股利。過去 10 年來，其股利成長率平均每年超過 20%。

不計入股利的話，信達思過去 10 年來超越標普 500 指

數，其報酬率達到1,012％，遠高於標普500的195％。雖然截至目前為止該股票的殖利率僅為1％，但如果以10年前買進的價格計算，殖利率已經達到8.4％（圖3.5）。

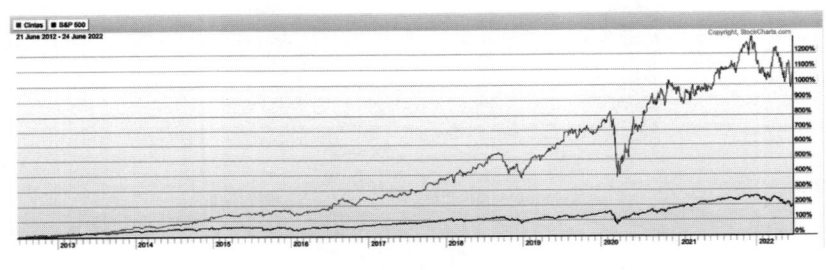

圖3.5 信達思

資料來源：StockCharts.com。

換句話說，如果你在10年前買進了信達思的股票，不只股票報酬率是標普500的五倍，你現在還能獲得8.4％的殖利率。這種殖利率通常只有垃圾債券才比得上，而非一間每年都提高股利的績優股公司。這間公司自從雷·帕克（Ray Parker）憑藉歌曲〈魔鬼剋星〉（Who you gonna call?）稱霸排行榜以來，就從未停止過股利成長。

如果你多年前就開始投資永久股利成長股會如何？

假設你在1995年投資了W.W. Grainger（NYSE：GWW），在股利已連續成長25年之後，你的股票年報酬率還會比標普500指數高出2.7個百分點：11.3％ vs. 8.6％。

若將股利再投資，1995年投入的1萬美元，現在將成長到

147,307美元。其中光是股利收入就達到23,033美元,是你最初投資的兩倍多。

以下是一些驚人的數字:

如果你在1977年以每股70美元的價格,買進了100股嬌生公司(Johnson & Johnson,NYSE:JNJ),到2022年7月,你的投資將增值為848,868美元,相較之下,同期在標普500指數中投資7,000美元,僅增值為380,860美元。如果你將股利再投資,你的100股將變為9,050股,總市值達到2,454,243美元,每年產生40,096美元的股利收入。這一切都來自最初的7,000美元投資。你的年殖利率將比最初投資成本還要高出五倍半。

1977年時,我還只是個想賺錢的小孩。所以冬天時每次下雪過後,我就會幫人鏟除車道上的積雪。即使在那時候,我已經是很會存錢的人了。如果我把多年來生日收到的禮金和寒冷冬季鏟雪賺來的錢存起來,並用其中的1,000美元買進嬌生公司的股票,然後一直不去動它,到了現在它的價值會超過35萬美元。這對任何人來說都會是一筆可觀的資金,可以用來買車、減輕房貸負擔、支付孩子的學費,或者單純減輕一些財務壓力。

你有沒有認識某個青少年,也許在30或40年後他每次想到你都會感激你,因為你今天幫他投資了1,000美元?如果有的話,就教他了解永久股利成長股。

複利需要一段時間才能開始顯現成果,但一旦啟動,就會

像一列奔馳下坡的火車，每年都會不斷加速。你持有股票的時間愈久，報酬就應該愈大。

嬌生就是一個永久股利成長股的例子，每年的股利成長大約在 10% 或更多。雖然有些公司的成長率較低，但它們仍然能夠連續 30 年、40 年甚至 50 年，每年都提高股利。

要實現這些驚人結果的關鍵在於，找到那些不僅每年都能提高股利，還能以夠高的比例提高股利的公司，這樣它們就能打敗通膨，並成為財富的來源。

■ 為什麼永久股利成長股能產生如此可觀的報酬？

「你知道唯一讓我感到快樂的是什麼嗎？就是看到我的股利進帳。」

——約翰・D・洛克斐勒（John D. Rockefeller），石油大亨

想要了解為什麼永久股利成長股能夠隨著時間產生如此巨大的報酬，就必須先了解複利的概念。

假設你持有 1,000 股每股價格為 10 美元的股票，該公司每股支付 0.40 美元的股利，股利殖利率為 4%。第一年你收到 400 美元的股利收入。

公司隔年將股利提高了 10%，所以你每股獲得 0.44 美元，總共得到 440 美元。第三年時公司再次將股利提高 10%，每股股利增至 0.484 美元，你收到 484 美元。第四年又提高了

10%，每股股利達到 0.5324 美元，你共收到 532.40 美元的股利。依此類推。

複利的核心在於「動能」。最初的幾年變化似乎不大，但是請看幾年過後會發生什麼事。

表 3.2 顯示，如果你持有這支股票 20 年，而且股利每年成長 10%，你的股利、收入和殖利率會發生的變化。

你可以看到，股利需要一段時間才能顯著成長。到了第五年，股利只成長了 47%。但是每年成長都會不斷加速。第六年的股利比第一年高出 61%，第七年高出 77%，第八年則高出 95%。到了第九年，股利已經增加了超過一倍，達到原來的 115%，並且繼續以更快的速度成長。

經過 10 年後，這筆投資的收入達到 6,375 美元，相當於原始投資金額的 64%。20 年後，收入達到 22,910 美元，已經是原始投資金額的兩倍多。

我們來做一個大膽的假設。假設你投資這支股票後，股價在你持有的期間完全沒有變動，一直維持原本的價格。

即便如此，你仍然能獲得 22,910 美元的收入，總報酬率達到 129%——這是在完全停滯的市場中的報酬率。年化報酬率為 6.4%。

如果你將股利再投資而不是取出現金來花用，結果會更加驚人。

同樣地，假設股價在這整段期間依然保持不變，10 年後你會擁有 1,881 股，總報酬率達 89%，而非只是從股利收入中獲

表 3.2　給複利一點時間，看看會發生什麼事

年	每股股利	全年收入	原始投資殖利率
1	$0.40	$400	4%
2	$0.44	$440	4.4%
3	$0.484	$484	4.8%
4	$0.5324	$532	5.3%
5	$0.5856	$586	5.9%
6	$0.6442	$644	6.4%
7	$0.7086	$709	7.1%
8	$0.7795	$780	7.8%
9	$0.8574	$857	8.6%
10	$0.9432	$943	9.4%
11	$1.0375	$1,038	10.5%
12	$1.1412	$1,141	11.4%
13	$1.2554	$1,255	12.6%
14	$1.3809	$1,381	13.8%
15	$1.5190	$1,519	15.2%
16	$1.6709	$1,671	16.7%
17	$1.8380	$1,838	18.4%
18	$2.0218	$2,022	20.2%
19	$2.2240	$2,224	22.2%
20	$2.4464	$2,446	24.4%

得的 64%。20 年後，你的投資價值將達到 94,880 美元，總報酬率高達 849%，複合年成長率為 11.91%──而這是股價完全沒有變化的情況。

我們來看看這是如何實現的。表 3.3 顯示，在股價完全沒有變動的情況下，將季度股利再投資持續 20 年的結果。

表 3.3　將季度股利再投資 20 年

季	每股季度股利	擁有的股數	季度總股利	股價	價值
Y1 Q1	$0.10	1,010	$100	$10	$10,100
Y1 Q2	$0.10	1,020.1	$101	$10	$10,201
Y1 Q3	$0.10	1,030.301	$102.01	$10	$10,303
Y1 Q4	$0.10	1,040.604	$103.03	$10	$10,406
Y2 Q1	$0.11	1,052.051	$114.47	$10	$10,521
Y2 Q2	$0.11	1,063.623	$115.73	$10	$10,636
Y2 Q3	$0.11	1,075.323	$117	$10	$10,753
Y2 Q4	$0.11	1,087.152	$118.29	$10	$10,872
Y3 Q1	$0.121	1,100.306	$131.55	$10	$11,003
Y3 Q2	$0.121	1,113.62	$133.14	$10	$11,136
Y3 Q3	$0.121	1,127.095	$134.75	$10	$11,271
Y3 Q4	$0.121	1,140.733	$136.38	$10	$11,407
Y4 Q1	$0.1331	1,155.916	$151.83	$10	$11,559
Y4 Q2	$0.1331	1,171.301	$153.85	$10	$11,713
Y4 Q3	$0.1331	1,186.891	$155.90	$10	$11,869
Y4 Q4	$0.1331	1,202.688	$157.98	$10	$12,027
Y5 Q1	$0.14641	1,220.297	$176.09	$10	$12,203
Y5 Q2	$0.14641	1,238.163	$178.66	$10	$12,382
Y5 Q3	$0.14641	1,256.291	$181.28	$10	$12,563
Y5 Q4	$0.14641	1,274.685	$183.93	$10	$12,747
Y6 Q1	$0.161051	1,295.214	$205.29	$10	$12,952
Y6 Q2	$0.161051	1,316.073	$208.60	$10	$13,160
Y6 Q3	$0.161051	1,337.269	$211.95	$10	$13,373
Y6 Q4	$0.161051	1,358.805	$215.37	$10	$13,588
Y7 Q1	$0.177156	1,382.878	$240.72	$10	$13,829
Y7 Q2	$0.177156	1,407.376	$244.99	$10	$14,073
Y7 Q3	$0.177156	1,432.309	$249.33	$10	$14,323
Y7 Q4	$0.177156	1,457.683	$253.75	$10	$14,577
Y8 Q1	$0.194872	1,486.089	$284.06	$10	$14,861

表 3.3　將季度股利再投資 20 年（續）

季	每股季度股利	擁有的股數	季度總股利	股價	價值
Y8 Q2	$0.194872	1,515.049	$289.60	$10	$15,150
Y8 Q3	$0.194872	1,544.573	$295.24	$10	$15,445
Y8 Q4	$0.194872	1,574.672	$300.99	$10	$15,746
Y9 Q1	$0.214359	1,608.426	$337.54	$10	$16,084
Y9 Q2	$0.214359	1,642.094	$344.78	$10	$16,421
Y9 Q3	$0.214359	1,678.122	$352.17	$10	$16,781
Y9 Q4	$0.214359	1,714.094	$359.72	$10	$17,141
Y10 Q1	$0.235795	1,754.511	$404.17	$10	$17,545
Y10 Q2	$0.235795	1,795.882	$413.70	$10	$17,959
Y10 Q3	$0.235795	1,838.227	$423.46	$10	$18,383
Y10 Q4	$0.235795	1,881.572	$433.44	$10	$18,882
Y11 Q1	$0.259374	1,930.375	$488.03	$10	$19,304
Y11 Q2	$0.259374	1,980.444	$500.59	$10	$19,804
Y11 Q3	$0.259374	2,031.812	$513.68	$10	$20,318
Y11 Q4	$0.259374	2,084.512	$527	$10	$20,845
Y12 Q1	$0.285312	2,143.985	$594.74	$10	$21,440
Y12 Q2	$0.285312	2,205.156	$611.70	$10	$22,052
Y12 Q3	$0.285312	2,268.071	$629.16	$10	$22,681
Y12 Q4	$0.285312	2,332.782	$647.10	$10	$23,328
Y13 Q1	$0.313843	2,405.995	$732.13	$10	$24,060
Y13 Q2	$0.313843	2,481.505	$755.10	$10	$24,815
Y13 Q3	$0.313843	2,559.385	$778.80	$10	$25,594
Y13 Q4	$0.313843	2,639.71	$803.24	$10	$26,397
Y14 Q1	$0.345227	2,730.84	$911.29	$10	$27,308
Y14 Q2	$0.345227	2,825.116	$942.76	$10	$28,251
Y14 Q3	$0.345227	2,922.646	$975.31	$10	$29,226
Y14 Q4	$0.345227	3,023.544	$1,008.98	$10	$30,235
Y15 Q1	$0.37975	3,138.363	$1,148.19	$10	$31,384
Y15 Q2	$0.37975	3,257.542	$1,179.91	$10	$32,575

表 3.3　將季度股利再投資 20 年（續）

季	每股季度股利	擁有的股數	季度總股利	股價	價值
Y15 Q3	$0.37975	3,381.247	$1,237.05	$10	$33,812
Y15 Q4	$0.37975	3,509.65	$1,284.28	$10	$35,097
Y16 Q1	$0.417725	3,656.257	$1,486.07	$10	$36,565
Y16 Q2	$0.417725	3,808.988	$1,527.30	$10	$38,099
Y16 Q3	$0.417725	3,968.099	$1,591.10	$10	$39,681
Y16 Q4	$0.417725	4,133.856	$1,657.57	$10	$41,339
Y17 Q1	$0.459497	4,323.806	$1,899.50	$10	$43,238
Y17 Q2	$0.459497	4,522.483	$1,986.78	$10	$45,225
Y17 Q3	$0.459497	4,730.29	$2,078.07	$10	$47,303
Y17 Q4	$0.459497	4,947.646	$2,173.56	$10	$49,477
Y18 Q1	$0.505447	5,197.723	$2,500.77	$10	$51,977
Y18 Q2	$0.505447	5,460.441	$2,627.14	$10	$54,604
Y18 Q3	$0.505447	5,736.437	$2,759.96	$10	$57,364
Y18 Q4	$0.505447	6,026.383	$2,899.47	$10	$60,264
Y19 Q1	$0.555992	6,361.445	$3,350.62	$10	$63,614
Y19 Q2	$0.555992	6,715.136	$3,536.91	$10	$67,151
Y19 Q3	$0.555992	7,088.492	$3,733.56	$10	$70,885
Y19 Q4	$0.555992	7,482.607	$3,941.14	$10	$74,826
Y20 Q1	$0.611591	7,940.236	$4,576.29	$10	$79,402
Y20 Q2	$0.611591	8,425.854	$4,856.18	$10	$84,259
Y20 Q3	$0.611591	8,941.171	$5,153.18	$10	$89,412
Y20 Q4	$0.611591	9,488.005	$5,468.34	$10	$94,880

　　值得注意的是，股票的數量在 43 季後增加了一倍，但後來只再多花 13 季就達到三倍，再花 8 季的時間達到四倍。之後，每年至少增加 1,000 股。

　　幾年下來，複利的力量開始全面加速。

但是你必須保持耐心。在我們的例子中，在前幾季中，每季資產只增加約 100 美元。直到第九個季度，也就是約 2 年半後，資產價值才首次增加了 1,000 美元。

接下來的 1,000 美元成長在 7 季後實現，大約是 4 年後。之後再過 6 季又成長這麼多，再接下來只花了 4 季的時間就又成長這麼多。看出規律了嗎？

10 年後，投資組合每季成長約 500 美元。再過 4 年後，每一季增加 1,000 美元。

很快地，每一季的成長將達到 2,000 美元，接著是 3,000 美元。20 年後，你最初的 1 萬美元投資，每一季會成長 5,000 美元──相當於原始投資金額的年報酬率為 200％！

因此，就算在停滯的市場中，藉著股利再投資的力量，你的 1 萬美元投資仍在 20 年內成長超過 800％。

■ 在牛市使用股利再投資策略

現在來想像一下，如果市場實際上漲了，而且通常也會如此，會發生什麼事？

過去 50 年來，不納入股利的情況下，標普 500 指數的年成長率為 9.2％。

但假設未來 20 年的成長放緩，市場每年僅上漲 5％。在與先前相同的條件下，你的 1 萬美元投資在 10 年後將增至 26,551 美元，20 年後達到 93,890 美元。

有趣的是，20年後的總額，其實比股價不變的例子算出來的還要低。這是因為在那個時候，複利的股利已成為資產成長的主要來源，而在上漲的市場中，股利再投資的股價升高了，而不是像在股價停滯的市場中，可以用較低的價格投資。

但是經過10年後，股價仍然會有一定影響，因為複利再投資的動能才剛剛開始。在那之前，股票價格的上升仍會對總報酬產生顯著的貢獻。

如果市場能像過去半個世紀一樣實現9.2%的報酬率，那麼1萬美元在10年後會變成36,067美元，20年後則達到134,093美元，總報酬分別為261%和1,241%。複合年成長率在10年和20年期間均接近14%。

把這個拿來與許多人為退休而投資的標普500指數基金的報酬比較一下。

如果你在10年前將1萬美元投資於Vanguard 500 Index Fund Admiral Shares（VFIAX），到了2022年7月，你的資產會增至19,415美元。但是如果你投資於自1962年起每年都提高股利的美國州立水務公司（American States Water Co.，NYSE：AWR），你的資產會達到33,544美元。如果你將股利再投資，指數基金的資產會增至25,632美元，而美國州立水務公司則是43,723美元。

本章到目前為止，我已經談了許多理論上可能發生的情況。現在讓我們來看看一些知名股票的實際情況。

如果你在20年前買進1萬美元的通用動力（General

Dynamics，NYSE：GD），並將股利再投資，到了 2022 年 7 月，價值會增至 56,770 美元，每年產生 9,284 美元的收入──相當於你的原始投資殖利率高達 92%。

如果你是在 30 年前買進這支股票，1 萬美元的投資現在就會價值 776,349 美元。看看這 10 年的差異。而如果在第 30 年後，你決定停止股利再投資並開始領取股利，每年的股利收入會達到 12,801 美元，相當於原始投資的年化報酬率達到 128%。

你可以這樣看複利：它是你已經賺到的錢再替你賺錢。複利就像一部機器。而最棒的是，當你啟動它，就幾乎不需要再做任何決策，也不會增加額外的成本。

這只是一部每年產生愈來愈多報酬的自動賺錢設備。

■ 在熊市使用股利再投資策略

你可能會驚訝地發現，股利再投資並不需要股票價格上漲才能賺大錢。事實上，如果你的股票價格下跌，績效甚至可能更好，因為這讓你能以更便宜的價格買進更多股份。

舉例來說，假設你買進每股 20 美元的 500 股股票，股利殖利率為 4.7%，且每年股利成長 10%。股票報酬率與標普 500 指數的歷史平均報酬率 7.86% 相符。

如果你將股利再投資，10 年後你的 500 股就會增至 826 股，股價為每股 42.62 美元，總資產價值達 35,204 美元。

現在，假設市場不是像標普 500 的歷史平均漲幅，而是進入一個持續的熊市。自 1937 年以來，市場連續 10 年下跌時的平均年度跌幅為 2.27%。

這聽起來好像不怎麼樣，但是請想像一下，股票在 10 年間損失超過 20% 的價值有多麼嚴重。

但是你不只沒有遭受超過 20% 的損失，正好相反，你的 1 萬美元投資成長到 18,452 美元，在 10 年間仍然獲得了 84% 的報酬，複合年成長率為 6.3%——而這段期間其他人都在虧損。此外，10 年後，你的投資每年產生近 2,400 美元的收入，相當於投資成本 24% 的殖利率。

因為在股價下跌的同時，你還是能獲得不斷提高的股利，你現在擁有 1,160 股——比市場上漲 7.86% 時多出了 300 股。

誇張的是，即使股票價格連年下跌，只要你在買進股票後不斷將股利再投資（尤其是當股利持續成長時），仍然能獲得巨大的報酬。

表 3.4 顯示這種情況的運作方式。我們從第 10 年開始說起，這時你擁有 1,205 股，而目前股價為每股 15.90 美元。（注意：我每年只調整一次價格。）

當你看著這些數字，會發現這非常驚人。在經歷了 20 年，價格從每股 20 美元跌至 12.64 美元的情況後，你的 1 萬美元投資價值增至 213,690 美元，平均成長率達到 16.54%——雖然股價每年都下跌超過 2%。

表 3.4　即使在熊市也能賺錢

季	每股季度股利	擁有的股數	季度總股利	股價	價值
Y11 Q1	$2.438	1,205.285	$707.53	$15.90	$19,160.14
Y11 Q2	$2.438	1,251.499	$734.86	$15.90	$19,894.80
Y11 Q3	$2.438	1,299.485	$762.83	$15.90	$20,657.62
Y11 Q4	$2.438	1,350.469	$792.07	$15.54	$20,908.77
Y12 Q1	$2.682	1,408.751	$905.47	$15.54	$21,886.24
Y12 Q2	$2.682	1,469.548	$944.54	$15.54	$22,830.78
Y12 Q3	$2.682	1,532.969	$985.31	$15.54	$23,816.09
Y12 Q4	$2.682	1,600.664	$1,027.83	$15.18	$24,303.29
Y13 Q1	$2.95	1,678.417	$1,180.54	$15.18	$25,483.03
Y13 Q2	$2.95	1,759.947	$1,237.88	$15.18	$26,721.71
Y13 Q3	$2.95	1,845.437	$1,298.01	$15.18	$28,019.73
Y13 Q4	$2.95	1,937.161	$1,361.01	$14.84	$28,744.05
Y14 Q1	$3.245	2,043.073	$1,571.59	$14.84	$30,316.33
Y14 Q2	$3.245	2,154.776	$1,657.51	$14.84	$31,973.85
Y14 Q3	$3.245	2,272.586	$1,748.13	$14.84	$33,721.98
Y14 Q4	$3.245	2,399.723	$1,843.71	$14.50	$34,800.20
Y15 Q1	$3.57	2,547.398	$2,141.54	$14.50	$36,941.75
Y15 Q2	$3.57	2,704.160	$2,273.33	$14.50	$39,215.07
Y15 Q3	$3.57	2,870.57	$2,413.23	$14.50	$41,628.30
Y15 Q4	$3.57	3,051.323	$2,561.73	$14.17	$43,245.07
Y16 Q1	$3.927	3,262.07	$2,995.34	$14.17	$46,240.41
Y16 Q2	$3.927	3,488.657	$3,202.81	$14.17	$49,443.21
Y16 Q3	$3.927	3,730.297	$3,424.65	$14.17	$52,867.87
Y16 Q4	$3.927	3,994.674	$3,661.86	$13.85	$55,329.68
Y17 Q1	$4.319	4,306.101	$4,313.52	$13.85	$59,643.15
Y17 Q2	$4.319	4,641.807	$4,649.81	$13.85	$64,292.46
Y17 Q3	$4.319	5,003.684	$5,012.31	$13.85	$69,305.27
Y17 Q4	$4.319	5,402.835	$5,403.07	$13.54	$73,135.11

表 3.4 即使在熊市也能賺錢（續）

季	每股季度股利	擁有的股數	季度總股利	股價	價值
Y18 Q1	$4.751	5,876.925	$6,417.03	$13.54	$79,552.60
Y18 Q2	$4.751	6,392.615	$6,980.16	$13.54	$86,553.22
Y18 Q3	$4.751	6,953.557	$7,593.15	$13.54	$94,126.37
Y18 Q4	$4.751	7,577.893	$8,259.44	$13.23	$100,249.14
Y19 Q1	$5.23	8,326.325	$9,901.13	$13.23	$110,150.27
Y19 Q2	$5.23	9,148.677	$10,879.02	$13.23	$121,029.28
Y19 Q3	$5.23	10,052.25	$11,953.48	$13.23	$132,982.77
Y19 Q4	$5.23	11,068.12	$13,134.07	$12.93	$143,098.13
Y20 Q1	$5.75	12,298.51	$15,907.33	$12.93	$159,005.66
Y20 Q2	$5.75	13,665.68	$17,675.89	$12.93	$176,681.55
Y20 Q3	$5.75	15,184.82	$19,640.84	$12.93	$196,322.39
Y20 Q4	$5.75	16,912.06	$21,824.82	$12.64	$213,690.09

我要特別指出的是，到第十五年的第一季，你的年度股息殖利率相對於成本達到了 100%。到第十九年的第三季，每季的殖利率就已達到了成本的 100%。

20 年後，如果你決定停止再投資並靠股利生活，這筆投資每年將產生超過 388,000 美元的收入，相當於原始成本 3,880% 的殖利率。對於一筆投資於虧損股票的 1 萬美元來說，這成績可說是相當不錯。

而且請記住，如果我們正處於長期股票價格下跌的期間，通貨膨脹可能會非常低，甚至可能經歷通貨緊縮。在這種情況下，每年 16% 的報酬，對購買力產生的價值會更加顯著。

這是一種保護自己免受熊市影響的絕佳策略！

你可能會想:「這理論上聽起來不錯,但如果市場遭遇重挫,公司肯定不會繼續提高股利。」

但是資料顯示的正好相反。

羅柏‧亞倫‧施瓦茲(Robert Allan Schwartz)分析了經濟大衰退期間 139 間股利冠軍企業的股利成長率。根據他的研究,從 2008 年至 2010 年,每年仍有 63% 的公司繼續提高股利[2]。

我相信你一定記得,這段時期曾讓人擔心整個金融系統可能崩潰。企業獲利暴跌、失業率飆升、銀行倒閉、股市崩盤,但是仍有近三分之二的企業在過去至少 25 年間,每年都提高股利,並在這段艱難時期持續如此。

如果你打算長期投資,將股利再投資是一種在市場低迷時保護並讓投資組合成長的好方法。其實,當你將股利再投資時,應該要希望股票價格下跌,這樣你就能以較低的價格買到更多股票。

這對心理承受能力是一大考驗,因為沒有人喜歡看到自己的股票價格下跌。但如果你的心態正確,能夠理解較低的股價將幫助你更快累積財富,那麼只要股價在你準備出售的 10 年、20 年或 30 年後反彈回來,誰管它今天的交易價格是多少呢?

■ 債券的表現如何?

收益型投資人喜歡債券,因為能提供穩定的收入,而且債

券到期時一定能收回本金。

　　無論是公債、市政債券還是公司債，如果你買進了債券，能夠收回投資本金的機率非常高。

　　從 1925 年到 2005 年，投資級債券有 99.7% 的機率能夠償還持有人的本金。高收益垃圾債券的違約率為 6%。歷史上來說，垃圾債券投資人有 94% 的機會能收回本金（不過在大衰退的高峰期，垃圾債券的違約率攀升至 13%）。

　　一般情況下，違約的債券多數是垃圾債中最差等級的債券──其評級通常是 C 開頭的等級。

　　正如我之前提到的，過去 85 年，每 10 年的周期，股票在 92% 的時間內都是正報酬，這與垃圾債券的成功比例差不多。但是值得注意的是，垃圾債券投資人在 94% 的情況下能收回本金，而股票投資人則有 92% 的機會獲利。

　　此外，當你收到債券支付的利息時，這筆收入無法隨著時間增加。如果你買進一支 10 年期殖利率為 6% 的公司債，你等於同意以 6% 的利率將資金借給這個公司。不管這間公司研發出下一個 iPhone 並實現爆炸性成長，還是業務陷入困境，你都只會收到 6% 的利息。

　　當你收到那張支票時，若要讓這筆錢增值，你唯一能做的就是投資其他標的──這不只要花時間，通常還會產生成本。

　　如果你確定 10 年後必須使用這筆資金，無法承擔資金可能損失的風險，那麼你就不應該買垃圾債券，而是應該把錢投資在公債上。

但是如果你能夠承擔一些風險（顯然你是可以的，因為你選擇買進垃圾債券），那麼選擇一支每年都會支付更多股利的公司股票會更好。

你無法直接將債券利息再投資。當然，如果你的利息支付金額夠大，你可以用來買進另一支債券，或者選擇買進股票或其他類型的投資。但這需要時間，而且進行新的交易通常會產生費用。

相反地，當你將股票的股利進行再投資時，股利支付和再投資會同時發生，而且大多數券商提供免手續費優惠。這樣你就可以少操心一件事，讓你的資金在複利效果下不斷成長。

我們來比較一下垃圾債券與股利持續成長的股票。

在我撰寫這篇文章時，SLM Corp.（Nasdaq：SLM）提供10年期債券，殖利率為5.85%。

如果一位投資人買進價值1萬美元的債券（每張1,000美元，共10張），在未來10年內，每年將獲得總計585美元的利息收入。到債券到期時，根據歷史資料，投資人有94%的機率拿回1萬美元本金，並累計收取5,850美元的利息。

我們同時也來看看，如果出問題時會發生的情況。根據歷史資料，當債券違約，債券投資人通常只能拿回約40%的本金[3]。

假設這位投資人將同樣1萬美元，投資於一支股利殖利率為4%，且每年股利成長10%的股票，在10年內將會收到6,374美元的股利收入——超過投資債券所獲得的收入。而且除非以低於票面價值買進債券，否則債券的價格在到期時通常

不會更高。

　　股票價格則很可能會上漲。根據歷史資料，股票的成功率為 92%，略低於債券的成功率。但是從 1928 年以來，股票的平均報酬率為 7.86%，其中包括下跌的年份。

　　10 年後，若將股利再投資，這筆 1 萬美元的股票投資將增值至 32,675 美元。而債券本息總計為 15,850 美元，不到股票報酬的一半。

　　雖然歷史上來說，投資股票出現虧損的可能性比較高，但只多出 2 個百分點。為了補償這個風險，股票能帶來高達 92% 的額外報酬。這是一個非常棒的風險—報酬比率。

　　當股市情況極差時，股票在 10 年間的平均下跌幅度為 27%。這是當市場在 10 年間為負值時，股票的歷史平均 10 年滾動報酬率——只曾出現在大蕭條與全球金融海嘯這兩段時期。

　　所以，以前在投資股票時，你有 8% 的機率在 10 年內虧損 27%；而投資高收益債券時，有 6% 的機率虧損 40%。

　　正如本章標題所說的，過去的績效不能保證未來的結果。但是我們有數十年的資料顯示，投資股票虧損的機率只比高收益債券略高（而且這只會在重大的金融危機時發生）。當你投資股票虧損時，通常損失會明顯低於債券。

　　根據以上這些資訊，很明顯配息型股票比垃圾債券更有投資價值。雖然垃圾債券可能提供吸引人的殖利率，並讓人覺得到期時應該能收回本金，但股票雖然風險略高，卻提供了更高的報酬和累積財富的機會。

當垃圾債券以低於票面價值交易時，確實有機會讓投資人在收取利息的同時獲得資本利得。但是收益若要達到能與配息型股票競爭，這類債券通常被認為是不良債券，在大多數情況下是一種非常高風險的投資。

在這些情況下，這樣的比較並不公平。你是在將一支不良債券與（極有可能是）一支保守型股票進行比較——這類股票通常每年都穩定地提高股利。處於困境的公司通常不會提高股利。

事實上，提高股利通常是財務健全和信心的表現。請記住，經營團隊會比較願意將資金留在資產負債表上或用於實施庫藏股，因為經營團隊的薪酬通常與每股盈餘（EPS）的成長或是股價表現相關。

當經營團隊提高股利時，這顯示公司擁有充足的現金來實現目標，並預期未來現金流會更加充裕。

因此，一間有穩定提高年度股利紀錄的公司，若再次提高股利，就與不良債券的情況正好相反。

關於債券，最後再補充一點。雖然我剛才花了幾頁的篇幅批評債券，但你要知道其實我是非常喜歡債券的。我認為大多數投資人的投資組合中都應該要有債券，以提供一定的穩定性和多元性。不過，投資組合中債券所占的比例不應過高，而且應該要投資於債券本身，而非債券型基金。

當利率上升時，債券型基金絕對會虧損。因為利率上升時債券價格會下跌，債券型基金的淨值（NAV）也會跟著下降。

賣出債券型共同基金時，你是以淨值出售。如果利率上

升,淨值就會下跌。

如果你持有的是債券本身,那麼債券的價格的確可能會下跌。但買進債券時,應該打算持有至到期日。雖然價格上漲時可以選擇賣出獲利,但進行交易時應假設自己會持有到期。這樣一來,無論市場或利率如何變動,你都知道在某個確定的日期,可以拿回每張債券的 1,000 美元票面價值。

所以,我的確喜歡債券,但我更喜歡配息型股票,尤其是以長期投資來說更是如此。

■ 烏比岡湖效應

你的駕駛技術好嗎?

你是個好父母嗎?好兒子或女兒?好兄弟姊妹?好伴侶(配偶/男朋友/女朋友)嗎?

你的各方面表現如何?

大多數人認為自己在這些方面表現得相當不錯——甚至可以說是高於平均水準。但是資料告訴我們,其實大多數人不可能都高於平均水準。

大多數投資人也認為自己的投資能力高於平均水準,不管他們的券商帳戶明細如何。

這讓我想起蓋瑞森・凱勒(Garrison Keillor)的《草原家園伴侶》(*A Prairie Home Companion*),故事描述一個虛構小鎮烏比岡湖(Lake Wobegon)——一個「所有女性都很堅強,所有

男性都很英俊，所有孩子都優於平均水準」的地方。

其實烏比岡湖效應（Lake Wobegon Effect）是一種心理偏誤，人們往往會高估自己的能力。而投資人更是具有這種特性。

你（或其他任何人）是高於平均水準的投資人的可能性不高。畢竟就算是專業人士，大多數時候的績效也不佳。

根據標普道瓊指數（S&P Dow Jones Indices）的資料，大多數主動管理型（而非指數型）共同基金，幾乎在各個類別中都無法超越大盤[4]。

2021年，有79%的主動型共同基金經理人，表現落後標普500指數[5]。隨著科技每年都在進步，照理來說基金經理人的表現應該更好，但事實並非如此。

這79%的數字其實比10年前大增將近90%。

那些表現優於基準的基金經理人之所以成功，比較可能是因為運氣而非能力。

以2020年超越其基準指數的共同基金為例，只有7%的基金在2021年能夠再次複製這樣的表現[6]。

當擴大時間範圍時，資料同樣不樂觀。截至2020年6月的5年間，全球有高達75%的共同基金落後其基準指數。將時間拉長到10年，更有82%的基金表現不如基準指數[7]。

這表示，投資人將資金投入複製指數的指數基金或ETF，比信任基金經理人能超越大盤要來得更明智。

如果你的資金投入了主動管理型的共同基金，那麼你其實是在支付基金經理人的費用，而他讓你賺到的錢，很可能比直

接買進指數基金或 ETF 還要少。

根據《華爾街日報》（*The Wall Street Journal*），德雷斯納・克萊沃（Dresdner Kleinwort）的一項研究顯示，投資專業人士的預測「非常糟糕」。但這項研究還發現了一個有趣的現象：

預測和實際結果之間幾乎有種完美的落後關係。

分析師會在股票價格上漲後，預測股票價格將繼續上漲；在利率下跌後，預測利率還會繼續下跌。

分析師非常擅長告訴我們已經發生的事，但在預測未來將發生什麼上，幾乎毫無用處[8]。

如果那些每天花超過 10 小時研究市場的人都無法成功打敗大盤，那麼你比他們更會挑選股票的可能性不是很低嗎？

資料顯示，至少在抓準市場時機這一點，你不會比他們更厲害。

根據 Dalbar 的「投資人行為量化分析」（Dalbar Quantitative Analysis of Investor Behavior）研究，從 2001 年到 2020 年，標普 500 指數的每年漲幅為 7.5%，而一般股票基金投資人的年均收益只有 2.9%，甚至連通膨都跟不上（圖 3.6）。

圖 3.6 顯示，投資人會在不對的時間買進和賣出。他們在市場火熱時買進，卻在市場下跌時賣出，但是他們該做的與這正好相反。

需要更多證據嗎？請參閱圖 3.7。

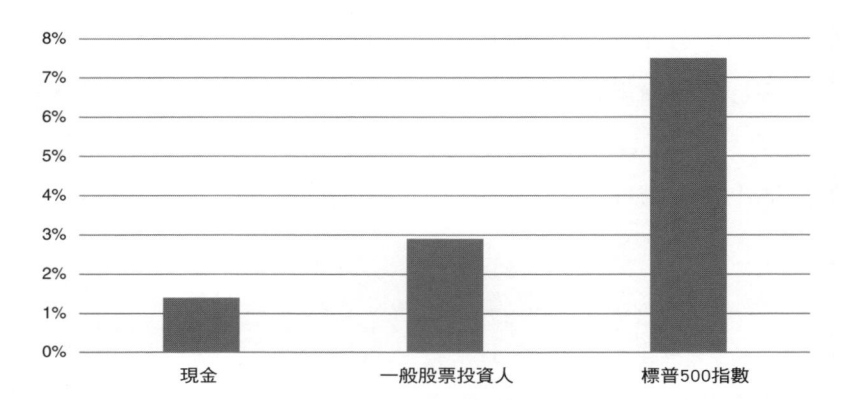

圖 3.6　2001 到 2020 年：股票型共同基金投資人時機掌握不佳，導致低於標準的投資結果

資料來源：Dalbar Inc., Quantitative Analysis of Investor Behavior, 2021。

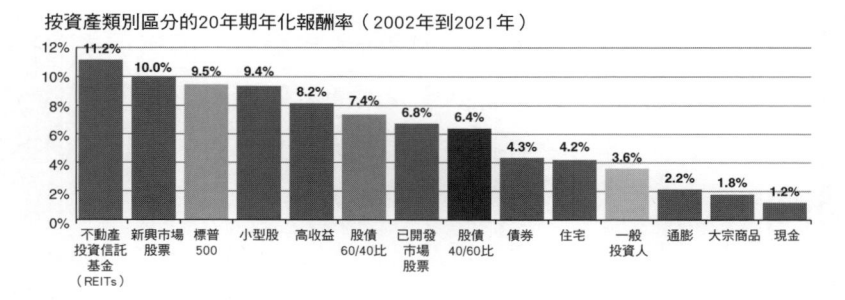

按資產類別區分的20年期年化報酬率（2002年到2021年）

資產類別	年化報酬率
不動產投資信託基金（REITs）	11.2%
新興市場股票	10.0%
標普500	9.5%
小型股	9.4%
高收益	8.2%
股債60/40比	7.4%
已開發市場股票	6.8%
股債40/60比	6.4%
債券	4.3%
住宅	4.2%
一般投資人	3.6%
通膨	2.2%
大宗商品	1.8%
現金	1.2%

圖 3.7　按資產類別區分的 20 年期年化報酬率

資料來源：J.P. Morgan Asset Management[9]。

　　圖 3.7 顯示 2002 年至 2021 年間十四種資產類別的報酬率，包括一般投資人的報酬率。在這十四個類別中，一般投資人的表現排名第十一位，主要原因是他們在市場高點買進，在市場低點賣出。

根據摩根大通資產管理的資料，過去 20 年來，一般投資人的年均收益只有微薄的 3.6%，而標普 500 指數的年均收益為 9.5%。現金的年均收益為 1.2%，也就是說，一般投資人的收益只比把錢存在銀行高出 2.4 個百分點。

解決方法就是，不要成為一個主動選股的投資人。若想要投資成功，就買進符合本書標準的股票，然後持有 10 到 20 年。試圖殺進殺出是非常困難的遊戲。你真的知道英特爾（Nasdaq：INTC）什麼時候會業績不好，或是市場什麼時候會暴跌嗎？你不知道，我也不知道。甚至高盛的那位女士或富達的那位先生也不知道。

投資於那些每年提高股利的優質公司。幾年後，你的資金就會比那些試圖進行市場交易，或將資金投入主動型管理共同基金的投資人還要多出許多。

既然我剛才粉碎了你認為自己是下一個巴菲特的幻想，那我就再提出一點值得注意的事項：當你投資於支付股利的股票時，你通常已經走在接近市場報酬的半路上了。

市場歷史上平均每年上漲 7.86%。如果你持有一支股利殖利率為 3.9% 的股票，你就已經在目標的半路上了。你並不需要成為巴菲特。事實上，就算你的選股能力不怎麼樣，就算你投資的股票漲幅只有市場的一半，你也能達到與市場一致的表現。而如果你將股利再投資，結果會更好。

如果你投資一支殖利率為 5% 的股票，那麼只需要全年成長幾個百分點，就能打敗大盤以及絕大多數的專業投資人，包

括那位住在價值 2,000 萬美元紐約頂樓公寓、穿著 5,000 美元西裝、擁有 120 英尺遊艇的對沖基金經理人。你的績效很可能會打敗他。

但並不是只有投資人會高估自己的能力。有一些執行長認為自己能為投資人創造更高的報酬，而沒有把部分現金返還給股東。結果他們經常是錯的。

德保羅大學（DePaul University）的桑傑．戴許穆克（Sanjay Deshmukh）和基斯．豪伊（Keith M. Howe），以及法維翰諮詢公司（Navigant Consulting）的阿南．葛爾（Anand M. Goel）建立了一個模型，用於判斷執行長是「過度自信」還是「理性」[10]。在他們的研究中，他們得出結論：「一位過度自信的執行長所支付的股利，會低於一位理性的執行長。」有趣的是，過度自信的情況經常出現在低成長和低現金流的公司中——而這正是執行長不應該過度自信的公司類型。

此外，市場對於由過度自信的執行長領導的公司所宣布的股利反應較冷淡，這顯示投資人或許能感覺到這位執行長很會吹噓，而對他的管理風格感到反感。

本章摘要

- 每年都有提高股利紀錄的公司,通常會繼續每年提高股利。
- 持續提高股利的公司會大幅超越大盤。
- 股利的複利效應就像一列啟動後就停不下來的火車,是在股市中累積財富的關鍵。
- 將股利再投資能保護你,並讓你在持續的熊市中獲利。
- 你的投資能力(或駕駛技術)並沒有自己想像中那麼好。絕大多數薪資過高的共同基金和對沖基金經理人也是。

CHAPTER 4

公司發放股利的動機

一般來說，經營團隊和投資人對於如何處置公司資產負債表上現金的看法不同。

經營團隊希望保留這筆現金，用於收購、擴展公司規模，或是在不景氣時期緩衝對公司造成的影響。但是除非公司處於新創階段或高速成長模式，否則投資人通常會希望能收回一部分現金──特別是當公司每年產生的現金流持續成長時。

回到馬克‧利希滕菲爾德義式小館的例子。如果你投資我的餐廳，幾年後我們開始每年賺取 20 萬美元的獲利，你可能就會開始感到焦急，並要求某種形式的分潤。

但是我則可能想要在新的地點開分店，或是拆掉一面牆來擴大座位數，甚至增加員工人數以縮短顧客的等待時間。

我必須在滿足投資人需求以及實現自身成長計畫之間取得平衡。當然，如果有超過需求的資金，這個問題就比較容易解決。

以微軟（Nasdaq：MSFT）為例，截至 2022 年 3 月 31 日，公司帳面上持有 1,050 億美元的現金和短期投資，同時微軟的負債是 500 億美元，因此淨現金為 550 億美元。用紐約樂透廣告的一句老話來形容就是：「那可以買很多麵包。」

過去 3 年來，微軟平均每年創造 550 億美元的自由現金流。其股利殖利率為 1%。

儘管多年來獲利和現金流豐厚，微軟卻一直到 2003 年才開始支付股利。當時每股 0.08 美元的股利並沒有令投資人滿意，因為他們看到微軟擁有大量現金，所以希望能分到一些。於是在 2004 年，當股票價格約為 24 美元時，微軟向投資人支

付每股 3.08 美元的股利。

後來微軟又馬上將季度股利恢復到每股 0.08 美元,但從 2006 年開始,每年逐步提高股利。到 2015 年,本書第二版出版時,微軟的季度股利已增至每股 0.31 美元。7 年後,這個數字增加一倍至 0.62 美元。自 2006 年以來,其股利的複合年成長率達到非常可觀的 10%。

就算是這樣,因為公司銀行裡有這麼多現金,但是股東賺取的利息卻非常低,所以許多股東認為他們有權拿回一部分投資。

於是投資界的一個經典爭論便由此展開:究竟是經營團隊還是股東,能為投資人的資金帶來更高的報酬?

大多數經營團隊相信他們可以透過擴展業務、收購競爭對手或實施庫藏股,有效利用這筆資金。比起將資金返還給投資人,他們主張自己能更快地讓資金增值。

但是投資人則認為,無法快速使資金增值的經營團隊應該將資金返還給股東,讓股東能投資於成長更快的企業。他們通常認為,如果經營團隊沒有更好的資金用途,那麼就應該把這筆錢還給股東。

■ 實施庫藏股 vs. 支付股利

相較於支付股利,經營團隊最喜歡的剩餘現金使用方式之一,就是實施庫藏股——或者至少宣布要這麼做。

典型的庫藏股公告通常是這樣描述的:

X公司在週四表示，將根據其庫藏股授權，在2023年12月31日之前買回價值最高達1億美元或200萬股的普通股。

這代表經營團隊可以隨時進入市場，自行決定時機買回公司的股票。這樣做會減少在外流通股數，進而提高每股盈餘（EPS）。

表 4.1　實施庫藏股可以提高每股盈餘

	淨利	每股盈餘（EPS）	本益比	股價
2,000 萬股	2,000 萬美元	$1	15	$15
1,800 萬股	2,000 萬美元	$1.11	15	$16.65

舉例來說，請參閱表4.1。一間每年賺取2,000萬美元且在外流通股數2,000萬的公司，每股盈餘就是1美元（2,000萬美元÷2,000萬股）。如果公司買回200萬股，則2,000萬美元的盈餘就會分配到1,800萬股上，等於每股盈餘將會提高到1.11美元。

假設該公司的本益比（P/E）為十五倍。在第一種情況下，股價將為15美元（15 × 每股盈餘1美元）。在第二種情況下，若實施庫藏股後本益比保持為十五倍，則股價將為16.65美元（15 × 每股盈餘1.11美元）。

但是經營團隊喜歡實施庫藏股的原因在於，庫藏股不只可以提高每股盈餘，還能讓經營團隊對資金的使用擁有完全的控

制權。

如果經濟惡化、業務出現波動，或是經營團隊純粹想囤積現金，他們可以選擇不買回任何股票。他們宣布的只是實施庫藏股的授權，這並不表示公司必須執行買回，而只是表示有可能這麼做。

許多公司往往不會完全回購庫藏股計畫中的所有股票。在計畫到期時，公司可能會延長庫藏股授權。所以如果一間公司宣布獲得授權，要在 2023 年 12 月 31 日前回購最多 1 億美元或 200 萬股股票，但是實際上只買了一半，那麼到了 2023 年底，公司可能會將授權延長到 2025 年，並增加實施庫藏股的規模，再增加 1 億美元或 200 萬股（但是公司很可能知道根本不會全部執行）。

儘管如此，市場仍然會將這視為利多，股票價格很可能因此上漲——而這反而降低了公司實際買回股票的可能性，因為經營團隊希望在股價較低時買回自己的股票。不過，如果股價上漲，但是經營團隊沒有實施庫藏股，投資人會抱怨嗎？也許不會。

此外，庫藏股還可以用來操縱每股盈餘。舉例來說，根據《巴倫週刊》（*Barron's*），2012 年 1 月，佳頓公司（Jarden）暫停支付股利，改為買回價值 5 億美元的股票[1]。《巴倫週刊》估計，這個庫藏股計畫會使每股盈餘從 3.78 美元提升至 4.50 美元。

聽起來對投資人很不錯吧？

沒錯，但要考慮到如果每股盈餘達到 4.50 美元，佳頓公司

的三大高階經理人將獲得大筆的股票獎勵。在這個案例中，取消股利改為實施庫藏股，是直接把資金從股東的口袋裡拿走，並以股票授予的形式送給經營者。

在接下來的兩年中，佳頓公司的在外流通股數從 1.33 億股減少到 1.15 億股，減幅 13.5%。結果，自庫藏股實施以來，公司每股盈餘從未超過 3.12 美元。因此，經營團隊最終未能獲得股票獎勵。真是太可惜了。

■ 實施庫藏股可以操縱每股盈餘

大多數實施庫藏股的情形並不像他們這麼糟糕，但這是一個庫藏股被用來操縱每股盈餘的例子。需要注意的是，經營團隊的獎金通常都會與每股盈餘的數字或成長連結。以佳頓的例子和之前提到的虛構例子中，公司的獲利其實根本沒有變化，但由於在外流通股票的數量減少，實施庫藏股後每股盈餘上升了。這只是一種會計技巧，並未反映業務的任何實質性變化。

根據 2018 年 7 月 9 日發表在《管理學會年會論文集》（*Academy of Management Proceedings*）中的一項研究，提姆·史威夫特（Tim Swift）得出結論：「實施庫藏股會提高每股盈餘，即使在獲利沒有成長的情況下也能推高股價，使做出資本配置決策的經營者受益，因為這提高了他的股票選擇權的價值[2]。」

此外，董事會和經營團隊向來都沒有解釋清楚，為什麼在特定時期買回股票符合股東的最佳利益。

根據理察・菲爾德（Richard Fields）為投資人責任研究中心學院（Investor Responsibility Research Center Institute）和 Tapestry Networks 在 2016 年進行的一項研究：「很少有公司公開揭露有關庫藏股決策的詳細資訊，而且極少公司說明實施庫藏股計畫的理由[3]。」

也許他們沒有揭露這項資訊，是因為這並非真的符合股東的最佳利益。如果是這樣，你就不會看到在實施庫藏股期間，內部人士出售股票超過 10 萬美元的比率，是正常時期的兩倍。這是麻薩諸塞大學阿默斯特分校（University of Massachusetts, Amherst）的雷諾・帕拉迪諾（Lenore Palladino）的研究，她於 2020 年在《應用經濟學國際評論》（*International Review of Applied Economics*）上發表了這些發現[4]。

請想想這個情況：內部人士，也就是最了解公司情況的人（有時甚至是負責公司實施庫藏股的人），在公司買回股票時，反而比平常更頻繁出售自己持有的大筆股票。

公司實施庫藏股會增加市場對該股票的需求，因而推升股價，使內部人士能以更高的價格出售持股。

這種行為竟然不被認為是利益衝突，還真是令人感到疑惑。當公司買回自家股票時，執行長或財務長卻在拋售自己的持股，而股東們在年度股東大會上卻沒有大聲抗議，真是令人震驚。

公司經常把實施庫藏股稱為「將現金返還給股東」。但是根據雅迪尼研究公司（Yardeni Research）的結論：「公司買回股

票比較是為了用股票獎勵支付給員工,而不是將現金返還給股東[5]。」

當公司支付股利,那才是真的把錢返還給股東。這不同於可能執行也可能不執行的庫藏股授權計畫。如果一間公司宣布今年將支付每股 1 美元的股利,無論如何它都必須支付這 1 美元的股利,否則股價就會大跌。

■ 股利政策相當於公司的信心傳達

宣布股利就像是經營團隊對外傳達的信心表態,不只是確認公司有足夠的現金支付股利以及經營業務,還明確表示公司預期能實現某個程度的盈餘和現金流。

如果未來公司被迫刪減股利,或是年年提高股利的公司停止提高股利,那麼股價將遭受重創。經營團隊深知這一點,並意識到設定或提高股利代表設定了一個更高的基準,向股東承諾公司至少能達到這樣程度的成功。

因此,經營團隊會致力於公司未來一定會支付股利;如果無法兌現這個承諾,股價就會下跌。

穆瑞利・賈葛納坦(Murali Jagannathan)和克里福德・史蒂芬斯(Clifford P. Stephens)與麥克・瓦斯巴(Michael S. Weisbach)的研究得出結論:「『發放股利的公司通常擁有較高的『永久性』營運現金流,而進行庫藏股回購的公司則多半是因為擁有較高的『暫時性』非營運現金流[6]。」

經濟學家李峰洙（音譯，Bong-Soo Lee）和芮萌（Oliver Meng Rui）在2007年的研究進一步支持了這個理論。他們寫道：「我們發現，庫藏股與盈餘的暫時性成分相關，而股利則無關[7]。」

因此，根據賈葛納坦、史蒂芬斯和瓦斯巴的說法，長期投資人應該對支付股利的公司更有信心，因為這類公司擁有的營運現金流比實施庫藏股的公司更穩定，實施庫藏股的公司只是透過操縱股票的數量來提高每股盈餘，而且可能也會因此推高股價。

庫藏股象徵了現在市場上的許多問題。雖然有些公司以便宜的價格實施，而且實際的操作過程非常有智慧，但大多數情況下，庫藏股只是一種快速減少股票數量並製造正面消息的權宜之計，就算這些消息並沒有根據（因為公司不一定會真正買回股票，只是宣布可能這麼做）。

尤其是對於大公司而言，實施庫藏股會減少在外流通股數，但未必總是能讓股東受益。

在2011年發表於《金融評論》（*Review of Finance*）的一篇論文中，亞齊·班—瑞法葉（Azi Ben-Rephael）、雅各·歐德（Jacob Oded）和艾維·沃爾（Avi Wohl）發現，小公司通常以低於市場平均價買回股票。但是大公司卻不是，因為大公司「比較關注如何處置自由現金」[8]。

換句話說，小公司的經營團隊嘗試並以吸引人的價格成功買回其股票；而大公司的高階經理人則更重視如何將多餘的現

金用掉,假裝他們正在「為股東利益著想」。實際上,這些高階經理人並未履行其信託義務,因為他們是在目前市價買回,而不是在股價有吸引力時才買回。

這些作者得出結論,對於大公司而言,長期來看,實施庫藏股並不能帶來更好的報酬。

此外,庫藏股還被用來抵銷員工股票選擇權計畫。如果一間公司有 1 億股,並分配給員工 200 萬股(其中許多分配給高階經理人),那麼該公司可能會買回 200 萬股,以將總流通股數保持在 1 億股。這是一種以不稀釋股東的權益來獎勵經營團隊的方式。但是仔細想想就會知道,身為公司業主的股東,其實是在為這 200 萬股買單,因此事實上股東的權益仍然被稀釋了。

但是一個好的股利政策,則是回到我們祖父母那一代投資和經營企業的方法。支付股利的公司經營團隊並不是在走捷徑,而是承諾自己和公司在未來每一年都達到股東期待的績效水準。即使在艱難的時期,經營團隊仍透過提高股利告訴股東,他們可以期待持有股票每年都能獲得更高的報酬。

實施庫藏股讓經營團隊可以掌控資金,而股利政策則釋出部分控制權,投資人應將發放股利視為管理階層能力出眾且充滿自信的表現。

不要忽視現在的經營團隊通常擁有公司數百萬股的股票這個事實。儘管他們希望股價無限上漲,讓他們能以更高的價格出售股票,以獲得數百萬美元的額外收入,但對於長期投資的股東來說,股利同樣是一大獲利來源。

如果一位執行長持有 100 萬股價格為 10 美元、股利殖利率為 4% 的股票，每年將獲得 40 萬美元的收入，而目前這筆收入的稅率低於其普通收入的稅率。這裡要注意的是，未來股利稅率可能會提高。對於短期內不打算出售其持股的經營團隊成員來說，穩健的股利政策也符合他們的最佳利益。

批評股利的人常說，企業支付股利是因為找不到更好的資金用途。

我不同意這種觀點。投資人每年獲得投資報酬，作為投入資金並長期持有一家企業的回報，這本來就是天經地義的事。此外，逐年增加的股利也傳遞出經營團隊預期現金流將繼續成長的資訊，並對經營團隊施加壓力，確保能夠實現股利成長。如果經營團隊知道每年都需要提高支付給股東的金額，那麼在業務困難的時期，高階經理人就不太可能尸位素餐。

■ 經營團隊的股利觀點

我曾向幾位企業高階經理人提出這樣的問題：為什麼公司會承諾不斷增加股利支付，把現金給出去？

我得到了幾個有趣的回覆。

漢諾威保險集團（The Hanover Insurance Group，NYSE：THG）截至 2022 年 8 月，已連續 17 年提高股利。公司總裁兼執行長約翰・洛許（John C. Roche）是這麼告訴我的：

過去15年來，我們的董事會一直在穩定提高股利，這清楚地表達了對我們財務狀況和未來前景的信心。

除了致力於成為所屬領域的頂尖企業，我們也努力推動卓越的盈餘成長，並負責任地管理股東的資金，透過多種方式提供優渥的股東報酬，包括支付吸引人的股利。

社區銀行系統（Community Bank System，NYSE：CBU）當時的財務長史考特・金斯利（Scott Kingsley）表示，這間銀行（位於紐約州北部）已連續30年提高股利。他認為股利不只讓現有股東感到滿意，也吸引了新的股東加入。

關於公司可以保留資本用於其他用途而不是支付股利的觀點，金斯利表示：

我們非常注重「資金效率」。我們認為，「囤積」資金打算日後用於收購或其他用途，可能會導致不太理想的習慣。我們比較想在需要時從市場上募集額外資金──我們在這方面的經驗非常良好。在評估潛在用途時，資產負債表上擁有過多資金，可能會導致糟糕的決策，因為在那種情況下，幾乎所有的決策，都會變成在提高股東權益報酬率（ROE）。我們產業中的一個例子是資本過剩的轉型儲蓄機構（converted thrift）*。它們的股東權益報酬率通常非常低，任何交易看起來都能拉高這個指標，但可能無法長期增加品牌價值。

＊譯注：轉型儲蓄機構是美國的儲蓄與信貸協會或互惠銀行，由原本的存款戶為業主的形式，轉型為在公開市場發行股票且股東為業主的金融機構。

因此，根據金斯利的說法，沒有囤積現金，會迫使經營團隊更負責任地管理公司的資產。如果公司手頭上有大量現金並且進行收購，通常會提高股東權益報酬率，因為現金的報酬幾乎是零，尤其是現在利率仍然較低的情況下。

金斯利的意思是，從股東權益報酬率的角度看起來，收購可能是不錯的做法，因為這麼做的報酬高於現金，但實際上對公司的業務幫助不大。

股東權益報酬率是衡量股東權益產生獲利的比率。將淨利除以股東權益就是股東權益報酬率，這個數字愈高愈好。

舉例來說：一間公司的淨利為 1,000 萬美元，股東權益為 1 億美元，股東權益報酬率就是 10%。

金斯利的觀點完全正確。我們看過多少愚蠢的收購案最終導致公司陷入困境，甚至倒閉？

也許最知名的現金收購失敗案例，就是 1994 年桂格燕麥公司（Quaker Oats）以 17 億美元收購飲料公司思樂寶（Snapple）。當時桂格是一間上市公司，大多數華爾街人士認為桂格多付了 10 億美元收購。

事實證明，這些估計還過於保守。1997 年，桂格僅以 3 億美元的價格賣掉了思樂寶，等於這 3 年虧損了 14 億美元。這

筆交易相當於每股 25 美元的股東資金，被交到思樂寶投資人的手中。

2007 年，高樂氏（Clorox，NYSE：CLX）為了取得天然產品市場的市占率，斥資 9.25 億美元收購小蜜蜂爺爺（Burt's Bees）。但是高樂氏顯然付了太多錢，因為公司在 2011 年 1 月認列了一筆 2.5 億美元的資產減損費用。

雖然 2.5 億美元對高樂氏這樣的大公司來說是小數目，但在當時相當於每股接近 2 美元的現金，我相信股東會比較想拿回這筆錢。

當執行長拿出數百萬美元收購別的公司時，我們通常不會想太多。畢竟，我們支付他們高薪，讓他們成為交易的推手和產業的掌舵者。在許多情況下，這些交易都是經過深思熟慮，以適當的價格完成。在這種情況下，長時間下來每個人都是贏家。

但可惜的是，像桂格燕麥收購思樂寶、高樂氏收購小蜜蜂爺爺這樣的交易並不罕見。而當投入這麼多資金時，我們通常會忘記這些錢是屬於股東的。股東才是一間公司真正的業主。

在絕大多數情況下（1,000 次中有 999 次），擁有多餘現金的公司如果不進行收購，也不會把這些現金返還給股東。就算高樂氏沒有收購小蜜蜂爺爺，也絕對不會宣布發放每股 2 美元的特別股利。

但正如金斯利所指出的，擁有這麼大筆現金，可能會導致經營團隊做出一些不利於股東的決策。所以，也許將一部分現金返還股東並不是個壞主意。

■ 企業的「身分認同」

身分認同是自我形象的關鍵,通常會引導我們做出符合這個身分的行為。如果你的身分認同是派對的靈魂人物,那麼當你參加派對時,可能會努力讓氣氛更加熱絡。如果你的身分認同是發生危機時讓所有人都能依靠的人,那麼當你看到有人需要幫助時,你就會挺身而出。

我這一生擁有許多種身分。我是個體貼的人。我努力工作、不需要別人操心、會把事情完成。還有現在是暢銷書作家。

企業同樣也有自己的身分認同。

2012 年 2 月,當時的亞培大藥廠(Abbott Laboratories,NYSE:ABT)財務長湯瑪士・費瑞曼(Thomas Freyman)在接受《巴倫週刊》訪問時說:「股利是亞培投資定位中的重要一環,也是我們善用強勁現金流、實現財務平衡的重要元素[9]。」

亞培自 1924 年起每年都支付股利,並在 42 年內連續提高股利。這一連續成長紀錄在 2013 年因分拆艾伯維藥品(AbbVie,NYSE:ABBV)而中止。自分拆以來,艾伯維藥品每年都提高股利,而亞培從隔年開始也恢復提高股利,而且從那時起每年都在提高股利。

提高股利是亞培身分認同的關鍵元素。任何考慮成為亞培股東的投資人不只會將股利納入考量,股利很可能也是決定是否要投資這間公司的重要因素之一。

■ 吸引對的股東

曾任資產管理公司伊頓萬斯（Eaton Vance，該公司於 2021 年被摩根士丹利收購）的執行長湯瑪士・佛斯特（Thomas Faust），在 2015 年時告訴我，他知道讓伊頓萬斯的股東滿意就是他的工作，而且這麼做長期下來會有好的結果。他解釋：

投資人將股利視為持有我們股票的重要因素，我們從公司的大型機構投資人那裡得知這點。我想可以說，由於我們長期不斷提高股利的紀錄，這在一定程度上間接提升了我們股票的估值。

伊頓萬斯從 1980 年起每年都提高股利，直到被收購為止。在被收購之前，股利稅率在 2003 年時降至 15%，公司將股利提高了 50%。這一定讓股東們感到非常滿意（圖 4.1）。

顯然如此。如果計算股利再投資，那麼過去 25 年來伊頓萬斯的股票表現，超過標普 500 指數超過 9,780%！

正如費瑞曼和佛斯特所認為的，穩定且持續成長的股利能讓現有股東滿意，並吸引新的股東。

一支充滿動能的股票也會吸引新的股東，但這些人是不是對的股東呢？

從長遠來看，公司經營團隊希望長期投資人是公司的業主。這些投資人通常能理解公司的整體發展方向，不會因公司

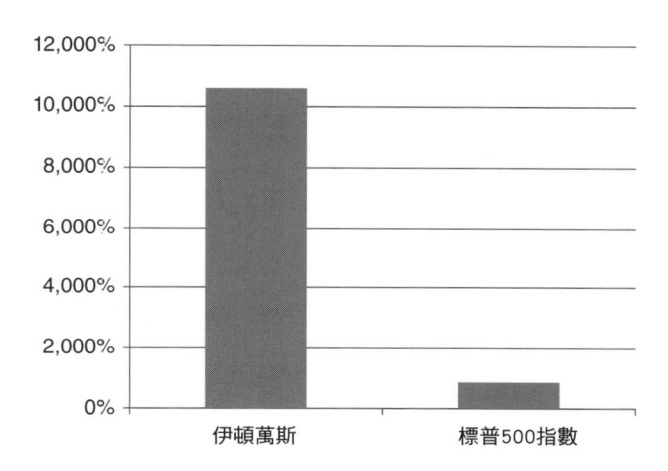

圖 4.1　伊頓萬斯超越標普 500 指數將近 10,000%

資料來源：Yahoo Finance。

某一季的收益未達預期而驚慌失措。他們通常會比那些只想賺快錢的股東更有耐心。

長期投資人通常深入了解公司的業務模式。只要公司的基本面沒有發生重大變化，他們通常就會繼續持股，尤其是在他們能夠獲得持續成長的股利時。

而短期投資人則通常會因為某一季的財報未達分析師預期而迅速賣出股票。在財報發布後，未達預期的股票通常會立即下跌，引發恐慌性拋售。

但是那些不驚慌失措的股東就有機會以較低的價格買進更多股份，或以較低的價格再投資股利。

長期持有股票的投資人通常對自己的報酬（以及殖利率）

感到滿意，否則他們早就賣出股票了。經營團隊和董事會也有義務確保長期股東的滿意度。如果這些投資人滿意，經營團隊和董事會成員大概也能保住自己的職位。

當股東不滿意，就會有人被解僱。有時候你會看到一些股東極度不滿，甚至試圖罷免董事會，或強迫執行長和其他高階經理人辭職。

2014年，達登餐飲公司（Darden Restaurants，NYSE：DRI）因多年成長緩慢，以及一筆不符合股東最佳利益的資產出售，而使執行長被迫辭職，股東們決定投票換掉整個董事會，就是這樣的情況。

強迫公司改變的股東團體被稱為行動派投資人（activist investor）。他們通常是對沖基金，持有公司很大比例的股份，並招募其他股東投票支持他們，迫使公司做出重大改變。

行動派投資人：擁有公司5%或更多在外流通股份的投資人，並向證券交易委員會（SEC）提交13D表格。13D表格讓公司和大眾知道，這個投資人可能會要求或已經要求經營團隊或董事會進行改變。

經營團隊會因為幾個原因而設法避免與行動派投資人發生衝突。

首先，對抗行動派投資人可能所費不貲。行動派投資人可能會發布新聞稿、聘請律師，並要求舉行投票以迫使公司進行

變革。

對抗這些行動派可能要花費數百萬美元。此外，行動派投資人有時會以公開羞辱執行長或董事會的方式來達成他們的目標。

舉例來說，知名行動派投資人丹尼爾‧勒布（Daniel Loeb）在 2011 年向雅虎的董事會發出信函，要求公司的共同創辦人楊致遠（Jerry Yang）辭職，原因是楊致遠曾參與談判出售公司。勒布在信中表示：

更令人擔憂的是有報導指出，楊致遠先生正與私募股權公司進行一對一的討論，很可能是因為這麼做符合他個人的最佳利益。董事會及策略委員會不應該允許楊致遠參與這些討論，尤其是考慮到他在 2008 年與微軟進行的收購談判中的無能表現；現在已經很明顯，他與股東的利益並不一致[10]。

正如你能想像的，這樣的信件對高階經理人或董事會其他成員的聲譽影響不小。所以，公司通常不希望與行動派投資人發生衝突。

結果勒布最後成功了。楊致遠於 2012 年 1 月辭去董事會成員的職務，並不再與他創辦的公司有任何關係。

那麼這一切與投資配息股有什麼關係呢？

通常，一間支付穩健的股利而且每年提高股利的公司，不會引發股東的憤怒。而買進殖利率 4% 以上、每年成長 10% 股票的投資人，通常是為了賺取股利的機會。只要股利計畫維持

在投資人預期的程度，他們大概都不會出聲，讓經營團隊做自己的工作，然後每季領取股利支票。

此外，如果一個經營團隊有一個股利政策，例如前面所描述的，這間公司很可能是以股東為導向。比起只專注於提高季度盈餘數字的高階經理人，承諾每年提高股利的高階經理人，通常會更加認真履行他們對股東的受託責任。

偶爾也會有行動派投資人要求特殊股利，尤其是當公司手上有大量的現金，但是又沒有吸引人的收購機會時。但這通常發生在一些支付股利非常少，或根本不支付股利的公司。但即使是一間擁有大量現金的公司，只要支付穩定的股利並且每年成長，通常不會受到股東的壓力。

雖然殖利率非常重要，但認真考慮股利的投資人同樣看重股利的安全性（即是否有可能按時支付股利）。所以他們不會強迫公司花掉大量現金，把股利殖利率提得過高。他們會滿足於股利每年穩定成長、維持在合理的成長速度。

股利投資人通常是理性的；他們了解支付股利數字的邏輯，以及為何要投資這些穩定的「無聊」公司，而不是去追逐下一支飆股。

■ 向市場發出訊號

當公司公布季財報時，他們使用的語言通常充滿法律術語和謹慎的聲明。公司不希望設定過高的預期，因為當他們無法

達到這些預期時，股價就會遭到懲罰。此外，當情況不太順利時，經營團隊會嘗試使用更樂觀的用語來淡化壞消息。

但提高股利傳達的資訊，比任何執行長所能表達的還要多。一般而言它所傳遞的是：「我們有足夠的現金來支付更高的股利，而且我們預期會創造更多現金，以繼續維持股利的成長。」

經濟學家墨頓・米勒（Merton H. Miller）和法蘭科・莫迪利安尼（Franco Modigliani）指出：

當一間公司採取穩定股利政策，並有一個長期確立且普遍認可的「目標支付比率」時，投資人很可能會（而且有充分的理由）將股利配發率的變動，解釋為經營團隊對公司未來盈餘前景的看法改變[11]。

他們是第一批提出股利政策可以反映高層對公司前景看法的經濟學家。

芝加哥大學的道格拉斯・斯金納（Douglas J. Skinner）和哈佛大學的尤金・索提斯（Eugene F. Soltes）也同意這個觀點，並寫道：

我們發現，支付股利的公司所公布的盈餘，比其他公司公布的盈餘更具持久性，且這個關係長時間下來會一直保持穩定。我們還發現，支付股利的公司不太可能公布虧損，而且當

它們公布虧損時，通常是因為特殊事項造成的短期虧損[12]。

在同一篇文章中，這兩位教授也同意之前的觀點，也就是實施庫藏股與配發股利，對公司傳達出的信心程度並不同，因為前者「比配發股利展現出較少的承諾」。

尤其對於那些有5年以上提高股利紀錄的公司來說，提高股利不只能為股東提供更高的收入金流，還傳遞出明確的訊息，也就是提高股利的政策仍然不變，並且在可預見的未來預計會繼續執行。

更高的股利當然不能保證隔年會再次提高，但這是經營團隊認真看待這項政策的良好指標，而且很可能會致力於確保該政策能夠維持下去。

尤其在盈餘不如預期的時期，股利的成長尤其值得注意。正如我之前提到的，當一間公司未能達到盈餘預期時，投資人有時會恐慌，這可能導致經營團隊因為緊張而做出激烈的決定，例如裁員和重組。

但是當盈餘表現不佳、而公司仍然提高股利時，傳遞的資訊則是情況並沒有那麼糟糕。這就像是經營團隊在告訴你：「帳面上還是有足夠的現金，而且我們很可能明年會創造足夠的現金，來再次提高股利。」

對於從大局看問題的投資人來說，這是一個強而有力的訊息。市場可能會聚焦在短期的失望上，但對於長期持有並理解企業會經歷起伏週期的股東而言，他們會看到公司的策略仍然

穩固,應該能夠撐過難關。

市場會清楚地接收到這個資訊,所以每年提高股利的公司通常能夠超越大盤。如我在第 3 章中所說明的,永久股利成長股的歷史表現超越大盤。

而且要記住,大多數永久股利成長股可能是你會描述為呆板、老舊的那些公司。它們不是會從某些熱門新技術或趨勢中受益的高成長科技公司。市場顯然認同這些公司具有足夠的實力,可以每年提高股利支付。

本章摘要

- 配發股利比實施庫藏股更能表現出對股東的承諾。
- 配發股利的公司,現金流的品質更高。
- 認真履行受託責任的經營團隊,會對公司的現金負責任。
- 提高股利顯示經營團隊對公司前景的信心。
- 佳頓公司的高階經理人喜歡錢更甚於喜歡股東。

CHAPTER 5

用「無聊」的配息股致富

■ 你想賺多少錢？

對於現在需要收入的投資人，我已經示範過如何透過持有每年股利成長 10%的股票，在 10 年內將收益增加一倍。

隨著持有成本殖利率的增加，這種方法應該能超越通膨的速度。如果通膨沒有過高，甚至還能再多賺一些。

當你將股利再投資時，這種投資方法會更加令人興奮。

我們都想要今天就能獲得更多收入。但是如果你不急著馬上獲得收入，並且能為了長期利益而延後滿足，那麼將股利再投資可以帶來你可能認為難以置信的報酬。

舉例來說，即使持有收益低於市場平均的股票，你也能在 10 年內讓資金成長三倍。

假設一檔殖利率為 5%、每年股利平均成長 10%、股價年漲幅為 6%（低於標普 500 指數的長期年平均漲幅 7.86%）的股票，10 年內的複合年成長率將達到 12.34%。1 萬美元的投資將變為 32,028 美元。

只要再過 5 年，這 32,028 美元將會增加近一倍至 62,754 美元；再過 5 年又會再次增加一倍以上至 132,757 美元，複合年成長率達到 13.8%，總報酬率高達 1,227%。

所以如果你有 20 年的時間，今天投入的 10 萬美元將在 20 年後增值至 132 萬美元。

股利再投資策略的力量來自於股利的複利效應。複利這個概念應該在我們小學的時候就開始學習。如果孩子從小就能理

解這個概念，我們的國民將會更有金融素養，或許人們會更早開始儲蓄。如果我們能理解複利的運作方式——每一期的利息都會納入下一期的利息計算中，進而產生更多的利息（或股利），那麼也許我們的信用卡債務就不會失控。

所以 2008 年金融危機期間，金融素養不佳的人會遭受嚴重損失，就不令人意外了。

許多研究顯示，缺乏金融素養往往導致人們的淨值較低，也更可能在退休時缺乏準備。

你不需要能根據殖利率曲線、標準差或投資的貝他值（beta）來做決策，但你必須清楚基本的概念。這樣當券商或財務規劃師提出建議時，你就有能力判斷這是否適合你，或是他們推薦某個產品只是為了賺取豐厚的佣金。

許多受過良好教育的人因為自身的財務知識不足而感到恐懼，通常會直接將資金交給他人管理，對投資建議只是茫然地點頭——有時他們點頭是因為不想顯得無知，或承認自己不懂。

我認識不少擁有碩士或博士學位的聰明人，卻盲目聽從券商的任何建議。就算你的顧問很棒，但你還是應該要清楚知道對方為什麼以某個方式管理你的資金。如果你能夠在年輕時就理解並應用複利的概念，就可以開啟財務獨立的道路。

我剛畢業時偶然看到的一個統計數字，徹底改變了我的財務人生：一個人若從 21 歲開始，每年提撥 2,000 美元到個人退休帳戶裡做投資，連續 10 年後不再繼續提撥，他的收益仍會超過 31 歲才開始提撥並且持續到 60 歲的人。仔細想想，這個數字

其實很令人震驚，但確實準確無誤，而這正是複利的力量。

換句話說，早期投資的總額 2 萬美元，最終會比晚幾年後投資的 58,000 美元更值錢。

所以我年輕時就開始投資。我就像大家一樣買進共同基金，將我的財務未來交給專業人士。那些專業人士畢業於頂尖學府、有著高薪工作、經常出現在各大投資雜誌上。他們肯定能保障我的退休生活。

正如我在第 3 章中提到的，買進主動管理型共同基金並不是我所做出的最佳選擇，因為這類基金的績效連大盤都追不上。根據先鋒的傳奇創辦人約翰・柏格（John Bogle）的說法，1984 年到 2003 年間，股票型共同基金的年平均報酬率為 9.3%，而標普 500 指數的報酬率為 12.2%。

如果你買進追蹤標普 500 指數的 SPDR 標普 500 指數 ETF（SPDR S&P 500 ETF Trust，NYSE：SPY）並持有 40 年不動，可能還比把錢交給這些基金經理人的投資績效還要好。

我並不是要說基金經理人很笨，他們並不笨。我是要說打敗大盤是非常困難的事。有時候基金經理人交易過於頻繁，或是被迫頻繁調整投資組合。此外，你通常還需要支付至少 1% 的費用，來讓他們持有和管理你的資金。

如果將這筆錢投資於配息股，並使用提供手續費折扣的券商進行交易，你就幾乎或完全不需要支付買進費用，之後也沒有任何管理費用，不會每年被基金經理人或財務顧問從資產中取出 1%。如果你持續支付這筆 1% 的費用 20 年，累積的金額

將超過原始投資金額的 20%，這就是複利的威力。

假設你有一個 10 萬美元的共同基金投資組合，績效超過同類型投資，而且追蹤標普 500 指數，費用只有 1%。經過 20 年後，該投資組合將價值 34.6 萬美元，但你需要支付超過 4.1 萬美元的費用。而這筆錢應該是你的退休金才對，而不是支付給富達 XYZ 基金經理人，或是美林證券的戴夫，他幫你設定了投資組合後，除了每年 12 月寄張聖誕卡給你，就沒他的事了。

表 5.1 顯示共同基金與一個以配息股為主的投資組合之間的差異。

假設共同基金的績效與大盤持平，股利殖利率為過去 50 年標普 500 指數的平均值 2.95%（比目前殖利率高 1 個百分點），長期股利成長率為 5.6%，每年收取 1% 管理費。

而由 10 檔配息股組成的投資組合（如 10-11-12 系統中的選擇），殖利率為 4%、股利成長率為 10%、績效與大盤一致，且無管理費，並將股利再投資。

表 5.1　你能儲蓄多少錢？

	投資	手續費 (20 年)	總計 (5 年)	總計 (10 年)	總計 (20 年)
10 支個股	$10,000	$0	$17,888	$32,675	$117,077
共同基金	$10,000	$5,967	$15,943	$25,089	$59,788

共同基金的費用屬於隱藏成本，因為你不會直接看到這筆錢從帳戶中扣除。但這些費用會影響投資績效。如果基金持

有部位的價值全年上漲了6%，但基金的費用率為1%，你的實際報酬率只有4.94%。（假設帳戶起始價值為10萬美元，上漲6%至106,000美元後，扣除管理費1%，則最終餘額為104,940美元。）

更糟糕的是，如果你每年還支付1%的財務顧問費用，這筆錢會直接從帳戶中扣除，不能再用來投資。

如果你有一個每年成長10%的50萬美元帳戶，經過10年後，你將支付超過83,000美元的費用。當然，如果你的顧問在退休規劃、子女教育規劃、保險產品、資產配置建議等方面提供了幫助，使你在此期間額外賺取了83,000美元，或者能讓你高枕無憂，那麼就算每年支付管理費也是值得的。

但如果你的券商只是向你推銷股票投資機會，給你一些績效不怎麼樣的共同基金或指數基金，或只是按照你的想法執行，那麼與其支付這些費用，倒不如透過提供手續費折扣的券商來投資，讓這些費用為你帶來複利收益，賺取更多資金。

假設你選擇透過提供手續費折扣的券商來投資，而不是在10年內支付83,000美元的費用。每年以10%的速度成長，你最初的50萬美元本金，將在10年內成長到1,296,871美元，而且沒有費用，相較之下，每年支付1%的顧問費用，最後餘額則是1,172,867美元。這之間的差額超過124,000美元。也就是說，你不只是支付給顧問83,000美元的費用，還又額外損失了41,000美元的獲利。

我並不想說得好像完全反對財務規劃師。一位能比你自己

更有效地幫助你實現財務目標的優秀顧問，確實值得支付他們服務費。

但是有許多財務顧問其實只是銷售金融產品的推銷員，這些人所做的事不值得你所支付的費用。有些人甚至不會考慮你真正的最佳利益，他們向你推銷的是能讓他們獲得最高佣金的產品。如果明智地投資，這筆錢就會留在自己的口袋裡，大大提高你的報酬。

那麼，你想賺多少錢？你想讓投資成長一倍嗎？還是三倍？這是由你決定的。但是要知道，目標收益愈高，你承擔的風險也愈大。但是這種風險是相對的。這裡說的不是那些可能因為壞消息而暴跌至零的低價生技股，而是那些有長期支付並提升股利紀錄的公司，它們的經營團隊也希望保持這個紀錄。

當然，任何事情都有可能發生。市場可能下跌，或某一間公司因業績不佳或醜聞而股價暴跌。但通常來說，我們關注的是擁有良好業績紀錄的穩健公司。就算某支股票下跌，如果公司仍在持續提高股利，這反而是買進更多的好機會。

那麼我們就來看看，如何在不用投入大量心力的情況下賺取大筆財富。

■ 股利複利成長的強大威力

表 5.2 中有一些不同的假設。我們將針對初始殖利率、股利成長和股價成長做調整，並假設初始投資為 1 萬美元。

表 5.2　你想賺多少錢？

初始殖利率	股利成長率	股價成長	5年後價值	10年後價值	20年後價值	增至一倍所需時間（年）	增至三倍所需時間（年）
4%	8%	1%	$13,199	$19,062	$60,732	10.75	14.75
4%	10%	1%	$13,320	$20,104	$89,294	10	13.75
4%	8%	5%	$15,716	$25,484	$75,049	8	12
4%	10%	5%	$15,842	$26,551	$93,890	7.75	11.25
4%	8%	8%	$17,862	$31,908	$101,815	6	10
4%	10%	8%	$17,994	$33,013	$118,654	6	9.75
5%	8%	1%	$13,967	$21,821	$90,200	9.25	13
5%	10%	1%	$14,126	$23,317	$145,504	8.75	12
5%	8%	5%	$16,549	$28,479	$97,118	7	11
5%	10%	5%	$16,716	$29,972	$128,348	7	10.25
5%	8%	8%	$18,751	$35,161	$123,631	6	9
5%	10%	8%	$18,923	$36,685	$149,619	6	9

　　這張表強調股利複利成長的強大威力。你會注意到，當股利成長率高於股價成長時，20年後的投資價值會更高。

　　舉例來說，如果你以5%的殖利率和10%的股利成長率，買進價值1萬美元的股票，而股價每年僅成長1%，20年後該股票的價值將超過145,000美元。

　　但是如果股價每年成長5%，你最終只會擁有約128,000美元的投資價值，反而更低。

　　這似乎不太對勁，因為股價成長更快，這筆投資過了20

年後，應該要有更高的價值才對吧？

但是你需要考慮，在這 20 年過程中透過股利不斷再投資，你會擁有更多低成長股的股份。由於股價較低且股利持續成長，你每季能買進更多股份。長期下來，這些股份就會累積起來。

那麼低成長率的股票會讓你獲得多少額外的股份？

過了 20 年後，股價每年僅成長 1% 的股票，會從最初的 1,000 股增加到 11,924 股。而股價每年成長 5% 的股票則總共會產生 4,837 股，不到前者的一半。

在更高的成長率下，你會有 4,837 股，價格為 26.53 美元的股票；而 1% 成長率的股票你會有 11,924 股，每股價格為 12.20 美元。

當股價成長較高，對最終價值確實會有一定的貢獻。

但是正如你所見，如果你打算長期執行股利再投資計畫，初始殖利率和股利成長率，與股價成長率本身同樣重要，甚至更為關鍵。

其實對你來說最理想的情況是，股票在一段長時間內沒有明顯的漲勢，而你則持續買進便宜的股份。然後，在某個你準備出售的未來時點，股票大幅上漲，並實現一定的成長。

就算你的股票多年來沒有太大變動，但公司本身持續提高股利並成功經營業務，你也不需要擔憂。

這可能會成為你遇到的最佳機會，因為你能大幅增加所擁有的股票數量，進而產生更多股利，而且你可以選擇將這些股

利再投資，或是花掉這筆股利收入。

> 一位早在我撰寫本書第一版前就已是股利投資人的朋友最近告訴我：「我喜歡熊市，因為我可以用更低、更好的價格將股利再投資。」
>
> 我這位朋友可能至少在未來 10 年內都不需要動用投資於配息股的資金。所以他根本不在意股票目前的股價。如果他投資的公司在接下來的 10 年持續支付並提高股利，那麼當他需要賣出時，股票價格幾乎肯定會更高。
>
> 與此同時，現在的低價代表他可以用再投資的股利買進更多股份。

只要每年支付股利，股價表現沒那麼重要

不要忘了，你不必賣出股票才能享受收益。假設你成功將股利再投資了 20 年，投資於初始殖利率為 5%、股利成長率為 10%、股價僅成長 1% 的股票。

過了 20 年後，你需要股票產生的收入，所以停止股利再投資，開始直接收取股利。此時，這支股票每年支付的殖利率為原始成本的 30.6%，你的 1 萬美元投資每一季會給你 8,578 美元的股利收入，每年就是 34,312 美元，年殖利率超過原始投資的 343%。

如果股價每年成長 5%，殖利率仍然是原始成本的 30.6%，但由於多年來股價較高，你能買進的股份較少，因此

每季收入為 3,594 美元，也就是每年 14,376 美元。對於一筆 1 萬美元的投資來說仍是相當不錯的報酬，尤其是現在的投資價值已經是最初的十三倍了。

我並不是建議你故意去找股價表現不佳的股票來累積更多股份。正如你所見，當股價上漲到一定程度時，對你的總報酬確實會產生影響。

但我想強調的是，就算你的股票價格表現令人失望，只要它的股利每年有顯著成長，還是可以帶來相當不錯的金額。

正如我在本書開頭提到的，過去 25 年來我們對股票的態度似乎已經發生了變化。社會讓我們變成對每個價格變動都感到焦慮的股票交易者，而不是長期投資於優質公司的投資人。

但是，這樣一來，你的股票可能就像高中三角函數課一樣無聊，這反而可能是一件好事。根據哈佛大學的馬坎．貝克（Malcolm Baker）、阿凱迪恩資產管理公司（Acadian Asset Management）的布蘭登．布雷德利（Brendan Bradley），以及紐約大學的傑佛瑞．沃格勒（Jeffrey Wurgler）的一項研究，從 1968 年到 2008 年，「低波動性和低貝他係數的組合，提供了令人羨慕的高平均報酬和低回撤風險[1]。」

> 貝他係數：波動性或風險的衡量指標。這表示股票或投資組合相對於整體市場變動的相關性。貝他值為 1 的股票變動與市場完全相同；貝他值為 0.5 的股票變動幅度是市場的一半；而貝他值為 2 的股票變動則會是市場的兩倍。

> 舉例來說：股票 A 的貝他值為 1，股票 B 的貝他值為 0.5，股票 C 的貝他值為 2，三者價格均為 10 美元。如果市場上漲 10%，股票 A 就會上漲 10% 至 11 美元，股票 B 只會漲 5% 至 10.50 美元，股票 C 則是跳漲 20% 至 12 美元。

根據這項研究，如果在 1968 年投資 1 美元於波動性最低四分之一的股票組合，到了 2008 年這筆投資的價值將增至 59.55 美元；而投資於最高波動性的股票組合，則只剩下 0.58 美元。

這個觀念與我們長期以來的認知相反，那就是要獲得超額收益需要承擔更高的風險，而無聊的股票則帶來無聊的報酬。

配息型股票經常被認為是無聊的股票。例如保險公司、不動產投資信託、大型消費性產品公司和公用事業公司，不像最熱門的新科技或生技股票那樣引人注目。當然，每個人都能舉例成功的公司，如特斯拉（Nasdaq：TSLA）和蘋果（Nasdaq：AAPL）。但是有一間成功的公司，就有更多像 RealNetworks（Nasdaq：RNWK）這樣的公司，一直沒有辦法穩定獲利，讓股東承擔虧損。

來看看數位世界收購公司（Digital World Acquisition Corp.，Nasdaq：DWAC）這樣高貝他值的公司，貝他值接近 20（圖 5.1）。過去一年來，這間公司的股價波動劇烈，從 9 美元漲到 175 美元，隨後跌破 40 美元，然後又再站上 100 美元，之後又跌回 20 多美元。這樣的波動可能讓那些做對交易方向

的投資人或交易者賺取巨額財富，但也讓做錯交易方向的人蒙受巨大的損失。

相較之下，標普 500 股利貴族指數的貝他值為 0.86，這代表其價格變動應該只有標普 500 指數變動的 86%。

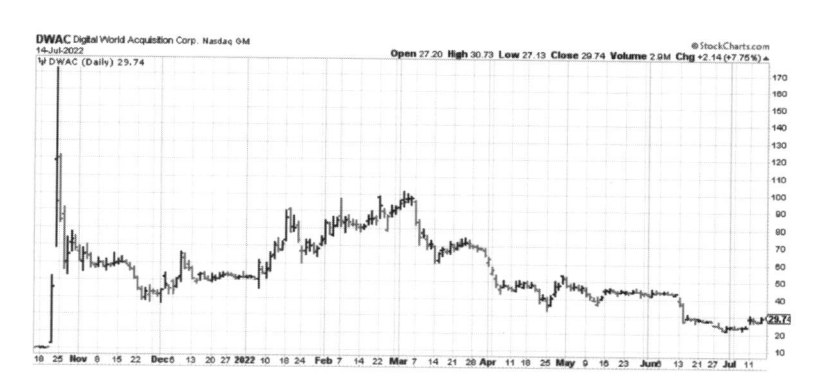

圖 5.1　數位世界收購公司瘋狂的股價波動

資料來源：StockCharts.com。

表 5.3 列出了一些「無聊」的股利貴族和冠軍股及其貝他值。

表 5.3　股利貴族／冠軍及其貝他值

公司	貝他值
可口可樂（NYSE：KO）	0.56
聯合愛迪生（NYSE：ED）	0.24
伊利諾工具（NYSE：ITW）	1.09
金百利克拉克（NYSE：KMB）	0.33

表 5.3　股利貴族／冠軍及其貝他值（續）

公司	貝他值
麥當勞（NYSE：MCD）	0.54
寶鹼（NYSE：PG）	0.40
沃爾瑪（NYSE：WMT）	0.52
標普 500 指數	1.00

資料來源：Nasdaq.com。

接著我們來看表 5.4，顯示了這些同樣「無聊」的股票在過去 10 年的表現。請注意，這份清單只反映股價變動，不包括股利。

正如你看到的，其中一些「無聊」的股票表現，甚至超過將它們納入成份股的標普 500 指數。

當我們將股利再投資納入考量時，結果更令人驚訝（表 5.5）。

回到我之前提到的觀點：從 1990 年代末期開始，投資人變成了交易者，似乎忘記了如何長期投資。10%到 15%的年報酬率已經不再有吸引力。投資人只想找到下一支飆股，賺取一倍或三倍的資金成長。

表 5.4　低貝他值不表示績效不佳

公司	貝他值	績效
可口可樂（NYSE：KO）	0.56	61%
聯合愛迪生（NYSE：ED）	0.24	53%
伊利諾工具（NYSE：ITW）	1.09	235%
金百利克拉克（NYSE：KMB）	0.33	62%
麥當勞（NYSE：MCD）	0.54	176%
寶鹼（NYSE：PG）	0.40	123%
沃爾瑪（NYSE：WMT）	0.52	63%
標普 500 指數	1.00	178%

資料來源：Yahoo Finance。

表 5.5　股利再投資提供低貝他值股龐大的報酬

公司	貝他值	總報酬
可口可樂（NYSE：KO）	0.42	147%
聯合愛迪生（NYSE：ED）	0.27	124%
伊利諾工具（NYSE：ITW）	1.10	143%
金百利克拉克（NYSE：KMB）	0.34	134%
麥當勞（NYSE：MCD）	0.34	368%
寶鹼（NYSE：PG）	0.47	95%
沃爾瑪（NYSE：WMT）	0.43	77%
標普 500 指數	1.00	123%

資料來源：Yahoo Finance。

相信我，我和其他人一樣喜歡好的投機標的。我也很熱衷於研究那些可能帶來五倍或十倍報酬的公司（股價上漲至原始

投資金額五倍或十倍的股票）。

但是做這種交易就像是在拉斯維加斯賭博。除非你真的掌握了華爾街不知道的重要資訊，否則那就不算是真正的投資。而且就算是如此，這些交易仍然非常高風險。

如果你覺得10%到15%的年報酬率不夠可觀，那你恐怕永遠不會滿足。你就像那位吃了一頓大餐後還抱怨代客泊車太慢的人，或是嫁給了英俊的王子還嫌棄他老媽的女人。

看看表5.6，你會發現每年10%到15%的平均報酬率能帶來什麼成果。

表5.6　10萬美元變成……

初始金額	平均每年報酬	5年	10年	20年	達到100萬所需年數
$100,000	10%	$161,051	$259,374	$672,750	
$100,000	11%	$168,505	$283,942	$806,231	
$100,000	12%	$176,234	$310,584	$964,629	
$100,000	13%	$184,283	$339,456	$1,152,308	19
$100,000	14%	$192,541	$370,722	$1,374,348	18
$100,000	15%	$201,135	$404,555	$1,636,653	17

數據很驚人吧？正如湯姆・培迪（Tom Petty）的歌詞說：「等待是最煎熬的部分。」

在第一個情況下，年平均報酬率為13%，10萬在18.75年後變成了100萬。

這聽起來似乎很漫長，但如果你現在 40 幾到 60 幾歲，想想看 19 年前你在哪裡？時間的確過得很快吧？如果你當時存了一筆錢，然後忘了它，現在看到它變成了你原始投資的十倍以上，感覺不是很棒嗎？

我兒子 19 年前才 2 歲。我們從他還是嬰兒時就開始為他的大學學費做投資——而且相信我，我們並不是從 10 萬美元開始的。由於我們持續投資且幾乎未更動帳戶，他上大學時的學費已經準備好了，甚至還有些多餘的資金可以念研究所。

如果每個人在孩子出生時都這麼做，而不是將資金交給某些績效落後大盤的共同基金經理人，或試圖挑選熱門股，那麼當孩子們準備上大學時，所需的資金很可能已經準備好了，甚至可能比預期的還要多。

二十年後的事情現在看似很難想像，但會比你所想的更快到來。

大學學費、婚禮、退休、環遊世界、創業——這些都是透過今天開始執行這樣的計畫，並且在 18 到 20 年內不動用這筆錢，就能達到的目標。

確實，這對於大多數人來說並不容易。當事情距離如此遙遠且如此昂貴時，確實讓人感覺壓力很大。

我兒子出生時，大家說他上大學的費用大約每年要 8 萬美元。我們立刻開始為他儲蓄，但是一想到幾年後我們還要為女兒準備 32 萬美元，甚至可能更多，就讓我們不敢再去想這個問題了。

而且請記住,我所展示的結果只是單筆投資並讓股利複利成長的結果。如果你偶爾還能有一些額外的資金來投資並買進更多的股票,那麼結果將更理想。你不需要擁有大量資金來改變現狀。

如果你的起始投資是 2,500 美元,然後每幾個月再額外買進 200 美元的股票,或是你能負擔的金額,那些資金也會在多年後複利成長,並且變成更多。

因此,雖然本章主要介紹這個系統有多簡單,但是如果有額外的資金,你絕對可以偶爾增加投資的金額。我強烈建議你在有能力時這麼做。

我們的消費文化把我們變成了追求立即滿足的人。我們想要一切,而且馬上就要擁有。延遲享樂或是讓錢為我們工作 19 年的時間,對很多人來說是一個陌生的概念。尤其是當我們整天被市場行銷資訊轟炸,告訴我們必須擁有最新的汽車、電視和電子產品時。

我已經告訴過你,如果你本來就不是儲蓄者的話,我也不會設法逼你存錢。這不是我的責任。這是你的責任。我希望本章讓你看到,如果你儲蓄並且投資可以達成的結果。

基本上,你的財務夢想是可以實現的。你需要做的就是存一些錢,並將這筆錢投資於那些支付合理股利、而且每年顯著提高股利的好公司。

本章摘要

- 無聊、低貝他值的股票,長期下來的表現會更好。
- 就算市場成長低於歷史平均水準,你也可以在 10 年內將資金增值三倍。
- 使用 10-11-12 系統,20 年內你的投資組合可以成長 1,000%。
- 如果年平均總報酬為 13%,那麼 10 萬美元將在 19 年內增值至 100 萬美元。
- 如果你支付費用給顧問,但是他並沒有為你賺到更多錢,那麼你花的顧問費可能就浪費了。

CHAPTER 6

得到更高的
殖利率

相較於一般的配息股,某些類型的股票殖利率更高,包括封閉式基金、業主有限合夥(MLPs)、不動產投資信託(REITs)、商業發展公司(BDCs)以及特別股(preferred stock)。雖然這些股票類型不太為人熟知而且可能稍微複雜,但是也值得你考慮。我們就從最簡單的封閉式基金開始。

■ 以 0.90 美元買進 1 美元的資產

你可能對共同基金比較熟悉。投資共同基金時,你的資金會與其他投資人的資金合併,基金經理人會買進一組股票、債券或其他資產。基金的價格等於基金內資產的總價值除以在外流通的股數。

舉例來說,如果馬克·利希滕菲爾德股利與收益基金(我在馬克·利希滕菲爾德義式小館後面的辦公室運作的基金),管理資金總額為 1,000 萬美元,且有 100 萬股流通股份,則每股價格為 10 美元(1,000 萬美元 ÷ 100 萬股 = 10 美元)。如果股市隔天上漲,資產價值就會上漲至 1,050 萬美元,而股數不變,則基金價格就變成每股 10.50 美元(1,050 萬美元 ÷ 100 萬股 = 10.50 美元)。

任何想要擁有這個基金的人都可以直接向基金公司買,價格為每股 10.50 美元。因為有人買進,基金公司就會增加新的股份。由於基金的現價會反映新進的資金,所以每股價格不會改變。

舉例來說，假設有一位買家以每股 10.50 美元買進價值 10 萬美元的基金股份，這表示他買進了 9,523.8 股（10 萬美元 ÷ 10.50 美元 = 9,523.8 股）。原來管理的資金是 1,050 萬美元，因為有投資人的新資金，所以基金總額變成了 1,060 萬美元。

馬克‧利希滕菲爾德股利與收益基金現在擁有 1,060 萬美元的資產，除以 1,009,523.8 股（原來的 100 萬股加上新增的 9,523.8 股），每股價格仍然是 10.50 美元（1,060 萬美元 ÷ 1,009,523.8 股 = 10.50 美元）。

任何想要出售基金的人也可以用每股 10.50 美元的價格從基金公司取回資金，這些股份將從流通股數中移除。因此，基金價格完全隨著基金內資產價格波動。

封閉式基金則有些不同。封閉式基金本質上類似共同基金，但有一個重要的差別：它像股票一樣交易。其價格是由市場上對這個基金的供需關係決定的，而不是完全由資產價格決定。

資產價格會影響市場對基金的需求，但與共同基金不同的是，這並不是決定價格唯一的因素。因此，封閉式基金的價格通常可能低於（折價）或高於（溢價）資產價值，而非與資產價值相等。

就像股票交易一樣，當一個人買進封閉式基金時，是向其他持有人買進，而不是直接向基金公司買進；出售時也是賣給其他投資人。這與共同基金不同，投資人只能向基金公司買進新增的股份，以及將這些股份賣回給基金公司。

> 溢價：投資人支付的價格高於基金資產的實際價值。
> 折價：投資人支付的價格低於基金資產的實際價值。

在研究封閉式基金時，你需要了解該基金是以高於還是低於其淨值進行交易。要查詢淨值，通常要瀏覽專門提供封閉式基金資訊的網站，或是基金的官方網站。在雅虎財經或報紙的股票報價欄中通常找不到淨值（圖 6.1）。

我通常會瀏覽封閉式基金協會（Closed-End Fund Association，CEFA）的網站 www.cefa.com。這是封閉式基金的產業組織，網站除了淨值之外還提供許多有用的資訊。

圖 6.1 是一個網站的截圖。我們查看的是亞柏丁全球基礎建設收益基金（Abrdn Global Infrastructure Income Fund，NYSE：ASGI），這是一個投資於擁有基礎建設資產的公司股票的封閉式基金，經營者是亞柏丁資產管理公司（Aberdeen Asset Management）。

右上角的位置顯示，該基金的淨值是 21.51 美元，市場價格是 19.14 美元。這表示基金中每股資產的價值為 21.51 美元，但是你不需要花那麼多錢買進。其實你只需要支付 19.14 美元就可以了。

在下方的兩行可以看到該基金的溢價或折價程度——在這個例子中，亞柏丁全球基礎建設收益基金的折價為 11.02%。換句話說，每 100 美元的資產只須支付 88.98 美元即可買進。

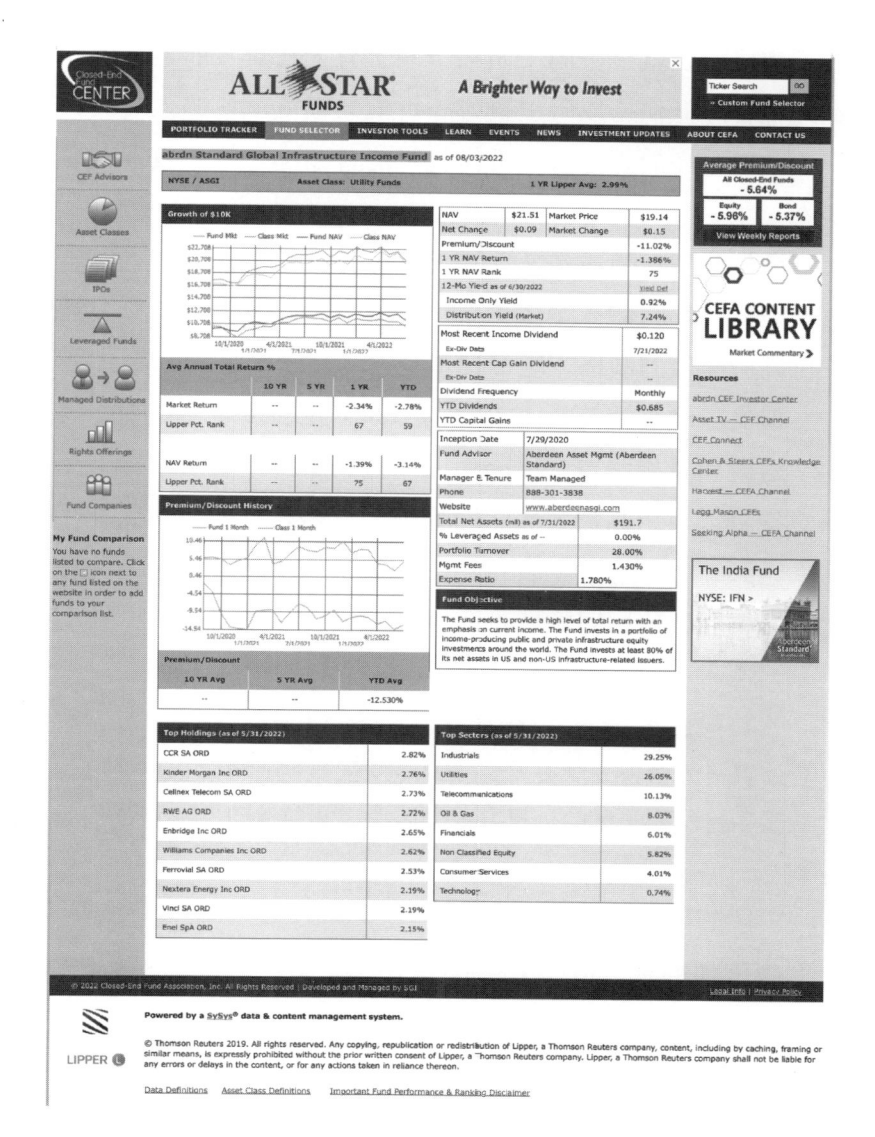

圖 6.1　亞柏丁全球基礎建設收益基金

資料來源：Closed-End Fund Association and Thomson Reuters Lipper。

明天價格可能就會不同。如果市場上有大量賣方而買方稀少，賣方就會降低價格以吸引買方，折價的幅度就會擴大。反過來說，當買方多於賣方時，折價就可能會縮小，就像股票交易一樣。

這是一個封閉式基金折價交易的例子。

但有時候封閉式基金也會以溢價交易，也就是投資人需要支付高於淨值的價格才能買到基金。

但為什麼理智的投資人會為 100 美元的資產支付 102 美元呢？這就和買進股票的原因相同：他們認為基金價格會上漲。畢竟投資人會以高於每股帳面價值的價格買進股票。此外，投資人也願意為某些股票支付更高的價格或估值，就算這些股票的每股帳面價值與同類型股票相同。

> 每股帳面價值（Book Value per Share）：指公司在業務清算後的價值，計算方式為資產減去負債，再除以流通股份數量。另一種簡單的計算方式是將股東權益除以在外流通的股數。

要記住的是，市場中有兩個主要影響因素——供需關係與淨值。理論上，若淨值上升，股票價格也應隨之上升。但事實並非總是如此。如果市場上沒人有興趣買進，即使淨值上漲，股票價格也未必會跟隨上升。但是如果淨值持續上升，價格通常也會隨之上漲。

此外，就算淨值沒有上升，供需因素仍可能推動價格上漲。例如，假設基礎建設類股票大幅上漲，投資人爭相湧入這個市場，這些股票的價格上漲了 10%，但由於折價縮小反映了更高的需求，亞柏丁全球基礎建設收益基金的價格可能上漲 15%。此時，該基金每股淨值可能為 23.65 美元，而價格為 22 美元，折價幅度 7%，比之前的 11% 折價更小。

折價和溢價會根據市場情況、熱門產業以及市場情緒不斷變化。**最佳情況是你在折價時買進基金，淨值上升，最終價格縮小折價幅度並以溢價交易。**

我們來看另一個基金——伊頓萬斯稅務管理買權策略基金（Eaton Vance Tax-Managed Buy-Write Strategy Fund，NYSE：EXD）。這是一個投資於股票並針對這些股票出售買權以產生收益的基金。第 10 章將討論出售買權的收益策略。

在封閉式基金協會的網站上，有一張線圖顯示所有封閉式基金的折價或溢價波動情況。線圖位於頁面左側的下半部分，如圖 6.2 所示。

淺灰色線很重要，它代表基金的實際折價與溢價。黑線則代表該類型基金（在此例中是買進股票後賣出買權的基金），以便將該基金與同類型基金進行比較。

可以看到，該基金在 2010 年初期以約 3.5% 的溢價交易，但到了 2015 年底和 2018 年又降至超過 16% 的大幅折價。過去 12 年大部分時候都是折價交易。在折價最大時，你可以用不到 84 美元的價格，買進價值 100 美元的資產。

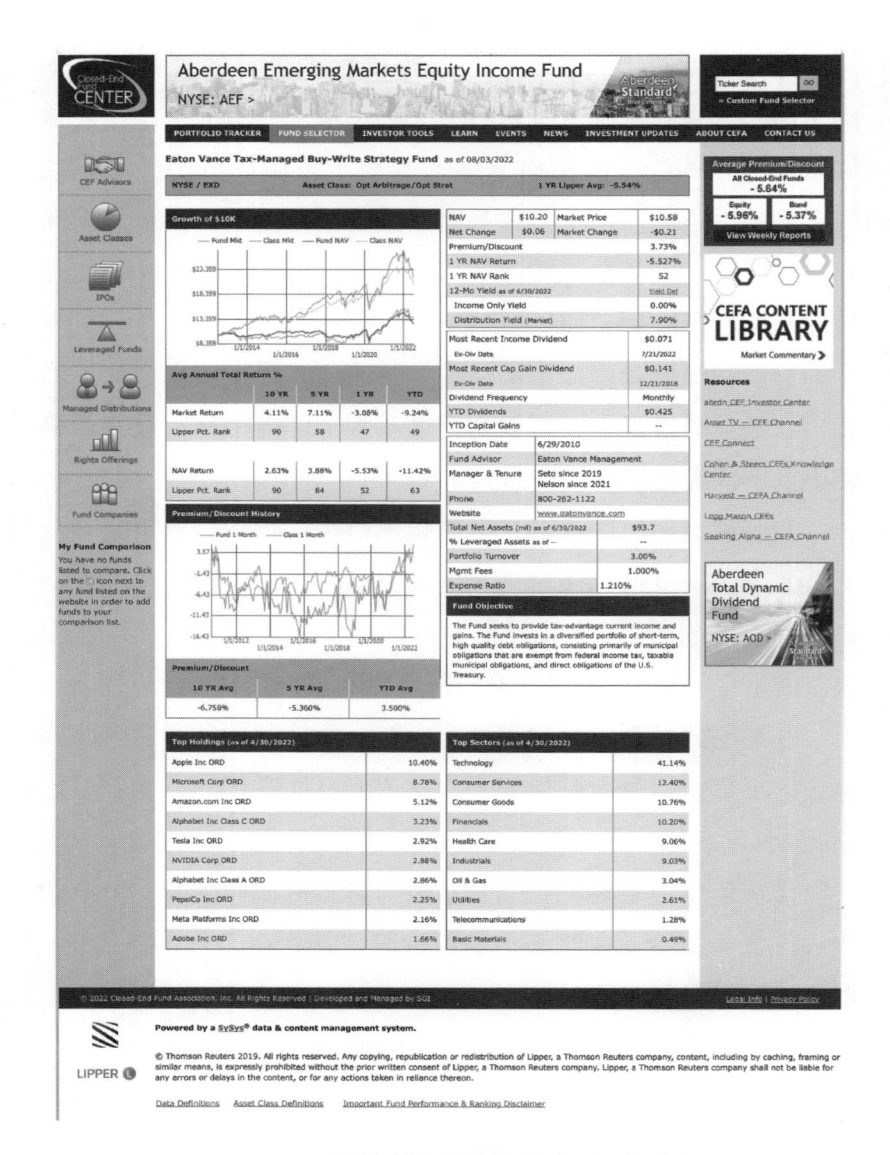

圖 6.2　伊頓萬斯稅務管理買權策略基金

資料來源：Closed-End Fund Association and Thomson Reuters Lipper。

10年平均折價為6.758%（負號表示折價），5年平均折價為5.36%，截至2022年8月，年初至今的平均溢價為3.5%。自2022年初開始，這支基金開始溢價交易。

我們再來看一張圖，以便了解淨值和基金價格不一定同步變動的情況。

我們放大查看網站上的另一個封閉式基金。圖6.3顯示加貝利醫療健康信託（Gabelli Healthcare & Wellness Rx Trust，NYSE：GRX）。儘管多年來這支基金持續大幅折價交易，但是仍超越了淨值（市場報酬以價格為基礎計算而非淨值），在顯示的各個期間內均有此現象。

截至2022年8月，過去一年和年初至今的差異顯著——過去一年為近4%，年初至今則超過2%。過去一年來，雖然淨值下跌了10%，但基金價格僅下跌了6%。

淨值與價格報酬之間的差異，主要是因為市場對基金本身的供需變化。隨著更多投資人爭相買進這支基金，價格就會超越淨值。與股票一樣，當需求上升時，持有者就會提高價格。

許多封閉式基金提供可觀的殖利率。它們通常將普通股、特別股和固定收益投資等組合起來，以提供相當高的股利。幾乎每個類別都有對應的債券基金供選擇——包括抵押擔保證券、企業債券、政府債券、外國政府和企業債券、商業貸款、銀行貸款等。你想得到的都有。

高收益的封閉式基金可能非常具有吸引力。當你有一個收益不錯的投資項目，其價格比基金資產價值低10%至20%

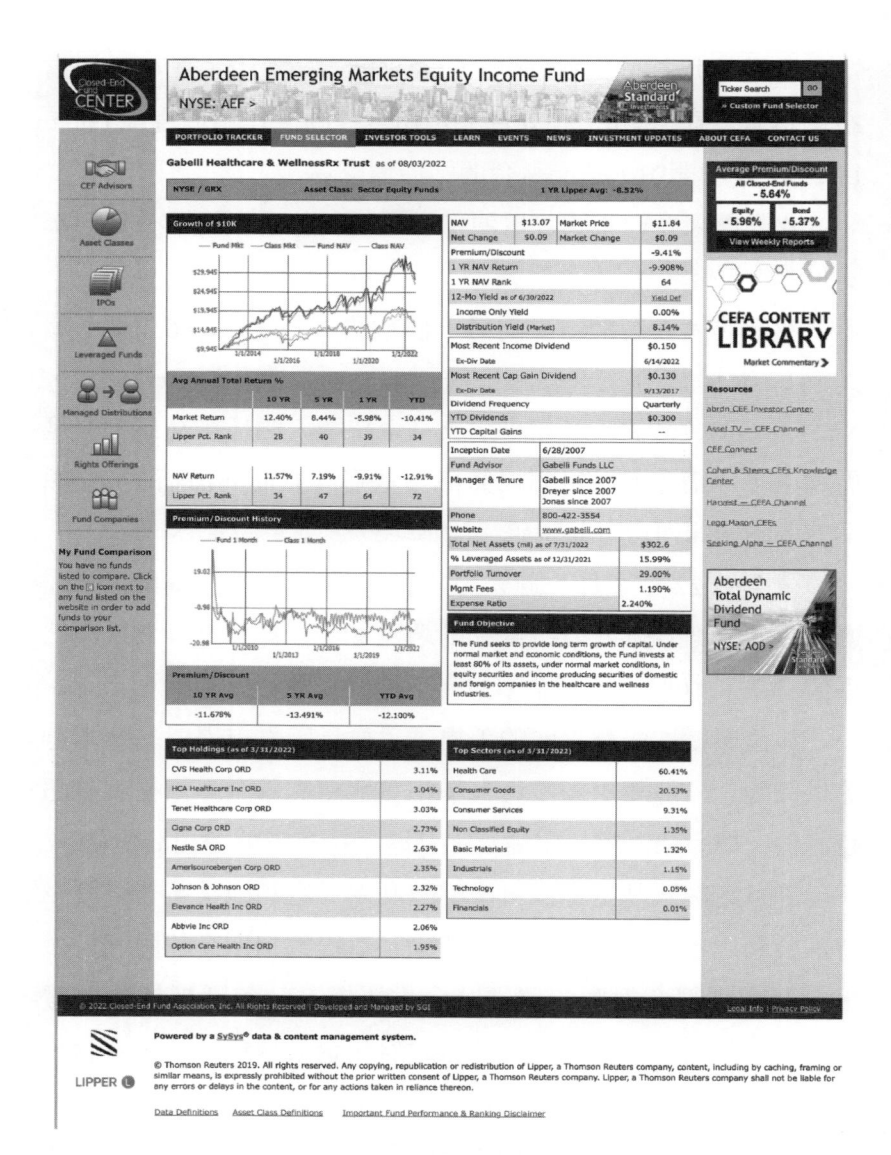

圖 6.3　平均全年總報酬率

資料來源：Closed-End Fund Association and Thomson Reuters Lipper。

時，這筆收益就更加誘人了。但是你要謹慎查看這些基金。

華爾街並不習慣送錢給別人。如果一支基金的殖利率為14%，而10年期公債殖利率為2.5%，優質普通股的殖利率為4%，你需要清楚了解這筆基金殖利率這麼高的原因。這支基金持有的資產是否有問題？股利是否可持續？基金公司是否能維持償付能力？

舉例來說，上述提到的伊頓萬斯稅務管理買權策略基金，就是一種所謂的買進後賣出買權基金。這種基金投資於股票（通常是配息型股票），並針對這些股票出售買權來提高殖利率。

這聽起來是提升投資收益的好方法，而且確實可以做到。但是問題在於，當基金中的投資無法產生足夠的收入來支撐高額股利時，情況可能會變得複雜。

舉例來說，假設一個基金的資產總額為100萬美元，該資產每年產生5萬美元的收入，殖利率為5%。但是基金承諾投資人10%的殖利率，這表示基金經理人需要從本金中取出資金，來支付投資人應得的10萬美元收入。他們會用來自投資的5萬美元收入，再從100萬美元本金中取出5萬美元，湊足10萬美元支付給投資人。

這稱為返還本金（Return of Capital）。返還本金分配其實有某些稅收優惠，因為它不像股利會被課稅。返還本金通常是遞延課稅，而且會從你投資的成本中扣除。

避免課稅

舉個例子，假設你以每股 10 美元買進了一支基金，並收到每股 1 美元的收益分配，而這些收益分配全部被歸類為返還本金（沒有任何部分被歸類為股利）。一般來說，今年你不需要為這 1 美元的收益分配支付所得稅。

相反地，你的成本基礎將從 10 美元降至 9 美元。當你最終賣出這支股票時，將按照你以 9 美元買進的價格計算稅金。每次收到返還本金的收益分配時，你的成本基礎都會降低。

某些買權基金支付的大額收益分配被歸類為返還本金，但這並不完全等同於我之前描述的「投資人拿回自己的資金」的情況。

當公司針對股票出售選擇權並收取權利金時，支付給投資人的這筆權利金也被視為返還本金。這筆權利金並未被歸類為資本利得，因為基金並未透過出售股票獲得利潤來發放股利。因此，這種收益分配被視為返還本金，使得投資人可以享受部分遞延課稅的收益。

我對很多事情都略知一二。你可以問我有關拳擊、滾石樂隊的歌曲以及股票市場的任何問題，但有一件事我不會自稱專家，那就是稅務。如果你對自己的情況有任何相關的問題，請諮詢稅務專家。

關於封閉式基金的最後一點說明：本章提到的特定基金僅作為範例，並不是投資建議。

■ 業主有限合夥企業（MLPs）

現在你了解返還本金的概念了，我們來探討業主有限合夥企業。MLP 是一種具有特殊結構的公司，但是不必繳交公司營業稅，因為它將幾乎所有的利潤以收益分配的形式，傳遞給單位持有人。需要注意的是，MLP 使用「單位」（unit）而非「股份」，並支付「收益分配」（distribution）而非「股利」（dividend）。這不只是術語不同，從稅務角度來看，兩者的差異非常大。

這些收益分配被美國國稅局（IRS）視為返還本金，因此投資 MLP 可以當成一種稅收遞延的收益策略。正如在封閉式基金一節中討論的，返還本金會降低你的成本基礎。

在此簡單舉個例子，如果你以每單位 25 美元買進 MLP，並在 10 年內每年收到每單位 1 美元的收益分配，而這些分配全部為返還本金，則你的成本基礎會降低到每單位 15 美元。

在這 10 年期間，你不需要為這 10 美元的收益分配（1 美元 × 10 年）繳稅。但是當你賣出時，就需要為 15 美元與售價之間的差額，繳交資本利得稅。

如果你的成本基礎最終降為零，從那時起所收到的收益將會被課稅，通常適用資本利得稅率。

大多數 MLP 的收益分配中約有 80％至 90％是返還本金。但每個 MLP 的情況不同，收益分配金額也可能每年有所不同。因此，在考慮投資任何 MLP 時，務必閱讀該公司網站上

的投資人關係頁面,以徹底了解公司的收益分配方式。

在投資MLP前,請務必諮詢稅務專家,因為相關的稅務問題可能較為複雜。此外,你會從公司收到K-1稅單,而非傳統股利公司發出的1099-DIV稅單。這可能會增加你的報稅成本並影響報稅的時效性。

約有80%的MLP是能源公司,其中大多數為油氣管道公司。這類公司通常不會受到油氣價格大幅波動的影響,因為其業務依賴管道中流通的產品量。但是就算收益未必會隨著油氣價格波動,但MLP的單位價格仍常隨著油氣價格起伏。

其他MLP還有基礎建設公司、遊樂園、金融機構,甚至還有一間墓園經營公司。

由於MLP提供高額的稅收遞延收益分配,因此受到收益型投資人的青睞。但是風險在於,因為公司將所有獲利分配給單位持有人,任何收益減少都可能導致收益分配金額降低。雖然MLP的收益分配較高,但通常不如配息很好的公司,例如百思買(BestBuy,NYSE:BBY)。撰寫本篇時百思買的殖利率為4.5%,其股利支付率為獲利的27%,而且已經連續19年提高股利。

不過,也有一些MLP屬於「永久股利成長股」。例如,Enterprise Products Partners(NYSE:EPD)已連續25年提高分配金額,Magellan Midstream Partners(NYSE:MMP)則連續21年增加年度分配金額。

MLP也可以成為很好用的遺產規劃工具。當MLP投資人過世時,繼承人會以投資人過世時的市場價格繼承股票(類似

普通股）。這表示原本已被降低的成本基礎會調整為過世時的市場價格，就像重新計數一樣。這對於遺產規劃很好用的原因是：原投資人能夠多年收取稅收遞延的收益，過世時這筆收益不會被課稅，繼承人接手後則以新的成本基礎重新開始計算。

假設一位投資人以每單位 25 美元、買進了 1 萬單位的 MLP，該 MLP 的收益分配殖利率為 5%，每單位每年收益分配 1.25 美元，且全為返還本金。單位持有人每年收到 12,500 美元，且無須為這筆收入繳稅。

過了 10 年後，持有人已領取 125,000 美元的稅收遞延所得，這些所得可能已被投資於其他資產或用於生活支出。

投資人每天在馬克・利希滕菲爾德義式小館用餐長達 10 年後，有一天死於心臟病發（但是很值得，我們自製的白醬真的太好吃了）。已故投資人的成本基礎現在為 12.50 美元，因為他 10 年來每年都收到 1.25 美元的收益分配（1.25 美元 × 10 = 12.50 美元，25 美元 － 12.50 美元 = 12.50 美元）。

但是現在 MLP 的交易價格是 40 美元。繼承人以 40 美元的成本基礎繼承 MLP，並且可以繼續收取稅收遞延的收入好幾年。與此同時，原投資人從來沒有為 125,000 美元的收入繳稅，國稅局也不能拿他怎麼樣！

■ 不動產投資信託（REITs）

不動產投資信託也很受到收益型投資人的歡迎。REIT 是

一種公司，擁有眾多的不動產，通常是出租用物業。與 MLP 類似，REITs 不須繳交公司稅，而是必須將其獲利分配給股東。因此，REITs 的殖利率通常相對較高。

幾乎所有類型的房地產都有對應的 REITs：專門投資公寓大樓、辦公大樓、購物中心、醫院、醫療辦公室、養老院、資料儲存中心等的 REITs。

REITs 和 MLP 的稅收影響不同。投資於 MLP，你會被視為業務的合夥人；而投資於 REITs，你則是股東。從 REITs 收取的股利通常會按一般所得課稅，而非依股利所得課稅——雖然你收到的一部分收入可能會被視為返還本金，這會延遲徵稅並降低你的成本基礎，類似於 MLP 的收益分配處理方式。（但這個百分比通常比較小，遠低於 MLP。）但投資人可以將 20% 的合格 REITs 股利從應稅收入中扣除。因此，如果投資人從擁有 REITs 中獲得 1,000 美元的股利收入，其中就只有 800 美元需要繳稅。（這項法條效力到 2025 年底為止，但未來有可能會延長，如果你有任何問題，請諮詢你身邊的稅務專家。）

REITs 可能會像房地產市場一樣波動。如果房地產價值下跌，REITs 所擁有的房地產淨值也會隨之下跌。此外，疲弱的經濟可能會導致更多空置的不動產，因而使獲利降低，並且可能會影響 REITs 的股利。一旦利率變動，對 REITs 來說借款可能變得困難，進而降低其成長率，或是使租賃戶支付租金更加困難。

當然，情況也可能相反。隨著新冠肺炎大流行期間房價飆

升，MSCI 美國不動產投資信託指數（MSCI US REIT Index）在不到 2 年內飆漲了一倍。

一些同時也屬於永久股利成長股的 REITs 還有 National Retail Properties（NYSE：NNN），該公司在 48 個州出租其零售業物業，並自 1989 年以來每年都提高股利；還有 SL Green Realty（NYSE：SLG），該公司主要在紐約市投資辦公大樓，並且已經連續 11 年提高股利。

▌商業發展公司（BDC）

商業發展公司是公開交易的私募股權投資公司。通常，要進入私募股權投資，需要大量的資金或人脈。在 Meta Platforms〔Nasdaq：META，前身為臉書（Facebook）〕上市之前，沒有多少普通人可以買得到其股票。

私募股權公司會成立基金，並且通常投資於早期階段的新創公司。這些公司可能是任何類型，從擁有新技術來治療癌症的生物科技公司，到連鎖咖啡館，種類繁多。一些私募股權公司專注於某些產業，例如生技、科技或零售；而另一些則是綜合型基金，隨時尋找各種機會。

為什麼有人會投資於私募股權基金？我們都知道，如果你在微軟和蘋果上市時投資，你現在可能已經非常富有。想像一下，如果你在這兩間公司上市之前就投資，你現在會多有錢。

當早期階段的公司還未上市並且在募集資金時，公司仍然

可以出售股票，只是不是在公開市場中出售，而是在私人安排的交易中出售。這些交易可能由任何人促成，包括投資銀行、董事會成員、執行長的媽媽等等。

這類交易通常是透過認識對的人來完成的。在尋找資金支持馬克・利希滕菲爾德義式小館時，我可能會聯絡一些我認識的有錢投資人，這些投資人有專門的資金，可投入這類投機活動。或是我媽媽可能會對她的麻將咖提到這件事，然後她的一位朋友決定對我投資 10 萬美元。

當你投資於一間新創階段的公司時，通常會獲得比公司上市後買進股票時更多的股權占比。2004 年，風險投資人彼得・提爾（Peter Thiel）投資 50 萬美元於臉書（現為 Meta Platforms）。這筆 50 萬美元的投資讓他獲得了該公司 10.2％的股權。

當該公司於 2012 年上市時，50 萬美元的投資只能買到該公司 0.0005％的股份。如今，Meta Platforms 的 10.2％股權價值超過 460 億美元，0.0005％的持股價值超過 2,200 萬美元，雖然仍是令人難以置信的報酬，但比起 460 億美元卻差得多了。

年輕的公司需要在早期出售比例較高的股權來吸引資金投資。隨著公司發展，尤其是當公司上市後，這些股權可能會變得非常有利可圖。

通常，BDC 會提供貸款給企業，而不是換取股權。有些公司可能太小或是風險太高，無法得到來自傳統銀行的貸款。

舉例來說，一間 BDC 可能會以 13％的年利率，向一間創

業公司或小型企業提供貸款。標準銀行商業貸款的年利率僅有 8%，但由於該公司無法獲得銀行貸款，所以必須接受較高的利率，因為風險較高。

每筆貸款的結構都不同，但如果貸款未能償還，貸方通常會收取股權或抵押品，例如智慧財產權、產品或設備等。

專注於股權投資的 BDC，股利可能較不穩定，因為它們支付的股利可能取決於何時能夠出售其持股。如果一間 BDC 在某一季賣出了 1,000 萬美元的股票，而在另一個季度只賣出了 200 萬美元，視公司的股利政策而定，股利可能會波動。但是專注於大量股權投資的 BDC，在經濟好的時候可能更具上漲潛力，或是非常強勁的殖利率。

專門提供貸款給企業的 BDC，配發股利可能會更可靠，因為它們幾乎可以預測來自貸款的還款收入來源（假設違約率不高於預期）。因此，在這種情況下，你的上漲空間可能不大，但是收入會比較穩定。

雖然 BDC 只提供資金給企業，並不表示你不能透過投資它來獲得高收益。

在我寫這篇文章時，新山金融（New Mountain Finance，Nasdaq：NMFC）的殖利率為 9.2%。新山提供貸款給現金流為正的公司，通常專注於進入門檻高的特定利基市場（表示新競爭者很難進入該領域）。

像封閉式基金一樣，BDC 也有淨值，有助於確定其價格，但最終價格還是要視供需而定。通常最好找到一個高殖利率的

BDC，並且交易價格低於淨值，不過在低利率環境下並不容易找到，因為投資人比較願意支付溢價以獲得更高的收益。

■ 你不必和祖克柏的太太玩麻將

許多投資人希望有機會參與黑馬新創公司的早期階段。但除非你和下一位馬克‧祖克柏（Mark Zuckerberg，Meta 的創辦人兼執行長）的太太打麻將，或是你有其他很好的人脈，否則很難得知這些投資機會。

BDC 讓普通投資人可以參與一間公司的投資組合中，分散風險，而且通常會提供不錯的收入金流。

舉例來說，主街資本（Main Street Capital，NYSE：MAIN）是一間市值 33 億美元的 BDC，截至 2022 年 8 月，其殖利率約為 6%。這間 BDC 已經連續 12 年都提高股利。

主街資本進行股權和債務投資，而且其投資組合中有各式各樣的公司：

- Affiliati：一間位於加利福尼亞聖塔芭芭拉的線上行銷公司
- SI East：一間位於北卡羅萊納州夏洛特的鋼桶製造商（用於儲存的桶子，不是樂器）
- Tin Roof：一間連鎖餐廳／酒吧，提供現場音樂演奏，擁有 20 間分店

許多 BDC 提供很好的收入，但是和任何投資一樣，天下沒有免費的午餐。（除非你是主街資本的投資人——也許 Tin Roof 會送你一個免費的玉米餅。我不確定，但值得一試。）收益（或潛在報酬）愈高，風險也愈高。所以，如果你考慮投資一間高收益的 BDC，請做好研究，看看該公司的股利是否穩定，並試著判斷這樣的股利能不能持續下去。

這麼做可能不如投資典型的配息型股票那麼容易，因為你可以查看一間公司賣出了多少產品、獲利率和現金流情況。但如果 BDC 有長期且穩定的紀錄，你應該可以更有信心它能夠繼續支付股利。

和 REITs 一樣，美國國稅局對 BDC 的股利有不同的處理方式。為了不支付公司所得稅，BDC 必須將至少 90％ 的獲利分配給股東。大多數 BDC 會分配更高比例的獲利。

一般來說，你將根據 BDC 收入的來源繳稅。如果它賺取貸款的利息，你可能會將那部分視為普通收入來繳稅。如果 BDC 出售一間公司而賺到資本利得，你則要針對那部分按資本利得稅率繳稅。BDC 會寄一張表格給你，提供詳細的收入細項，這樣你就有所需的所有資訊。

再次提醒，如果你有任何與稅務相關的問題，請跟著我說：諮詢你的稅務專家。

封閉式基金、MLPs、REITs 和 BDC，可以是為你的收益型投資組合增加收益的好方式。許多這類公司會產生大量的現金，並且必須將這些現金分配給股東，這就是為什麼它們能夠

比其他公司支付更多股利的原因。

當艾克森美孚（NYSE：XOM）賺取獲利時，經營團隊會決定如何處理這些現金，是要投資於新設備、在總部設置健身房、實施庫藏股，還是以股利的形式將部分現金返還給股東？但是 MLPs、REITs 和 BDC 則是根據其公司結構的法律規定，必須將獲利返還給股東。

請記住，這些投資可能會波動很大，因為通常集中在一個（通常是週期性）產業，而且對股東的稅務影響會更複雜。但是如果你不介意多做一些研究，並且與你的稅務專家討論（或自己使用稅務軟體計算），這些投資可以是每年增加收入很棒的方式。

▌特別股

特別股可以視為債券和普通股的結合。特別股支付較高的股利，有時可以轉換為普通股，並且在公司解散清算時的優先順序高於普通股。但是在這種情況下，特別股的優先順序卻在債券之後。

如果公司宣布破產並出售其資產，會最先支付給債券持有人。接著是特別股的股東，然後才是普通股的股東。

如果未支付股利，許多特別股（又稱為累積特別股）會累積未支付的股利。當普通股的股利未支付或被刪減時，普通股的股東則無法獲得股利。如果公司在未來某個時候恢復股利，

普通股的股東只能領取從公司宣布開始時的任何金額的股利。

但是，累積特別股的股東則可以領取在公司未支付股利的期間所累積的股利。因此，如果一間公司每年支付每股 1 美元的特別股股利，停止支付股利 2 年，下一年才重新支付每股 1 美元的特別股股利，那麼必須先支付 3 美元（1 美元加上 2 美元之前沒發的股利）給特別股的股東，然後普通股的股東才能領得到股利。

由於具有較佳的穩定性，特別股不像普通股的波動性那麼大。特別股的股東通常不會像普通股的股東那樣看到股價的劇烈波動——不過在 2008 年和 2009 年的金融危機期間，由於擔心公司可能會崩潰，許多金融公司發行的特別股遭遇了重創。但是有許多在 2009 年和 2010 年時則是強勢回升。

當特別股停止支付股利時，該特別股的價格通常會大幅下跌。這完全是合理的。雖然特別股的價格會上漲，但是通常波動不會太大。特別股的真正價值在於穩定的收入支付。如果特別股不再支付股利，那麼買進的理由就不多了（除非是純粹的投機，期待股利恢復並且股價反彈）。因此，價格會下跌，而且通常跌幅會很大。

由於特別股的殖利率較高，所以價格通常會像債券一樣受到利率影響，利率上升通常會導致特別股的價格下跌。特別股也像債券一樣以面值發行，而且其股利通常是固定的。這些股利不會像永久股利成長股那樣成長。但對於一些投資人，尤其是那些現在需要收入的投資人來說，今天的較高利率可能值得

犧牲明天的成長。

就像債券一樣，特別股的股利會被信用評等機構評價。另一方面，特別股與普通股的股東不同，特別股的股東沒有投票權。他們不是公司的業主，而是債權人。

金融機構約占所有特別股的 85%，因此，如果金融業表現強勁，特別股的表現也會良好。如果金融業疲弱，像 2008 年金融危機期間那樣，特別股將會受到嚴重打擊。

舉例來說，保險公司大都會保險（MetLife）發行一個名為 MetLife, Series E（NYSE：MET PRE）的特別股，每年支付固定的 5.625% 利率（按面值計算就是每股 25 美元），並每季支付股利。在我撰寫本篇時股價為 26.50 美元，略高於其面值，因此殖利率為 5.3%。如果你能以低於面值的價格買進股票，就能獲得比宣布的殖利率更高的收益，就像買進債券一樣。

> 面值：債券或特別股首次發行時的價格。

特別股通常可以在發行後 30 年贖回，不過某些特別股並沒有贖回日期。當然，你總是可以在公開市場上賣出股票；不過特別股的流動性通常不如普通股。

我並不是非常喜歡特別股，因為這跟債券非常相似，反而不像股票，通常不會增加股利。6.5% 的殖利率在今天可能很吸引人，但它無法跟上通膨的步伐——就算是當通膨偏低（例如 3%）時也一樣。

你可以這樣想。如果你以6.5％的殖利率投資1,000美元在特別股中，你每年會獲得65美元。但是在3%的通膨率下，3年後你需要1,092美元才能擁有相同的買進力。你的每年65美元趕不上通膨。你需要的是成長速度超過通膨的股利。

特別股的好處在於股利高於普通股，特別是績優股的股利。缺點是股利可能無法趕上通膨的步伐。此外，大多數特別股不允許你將股利再投資於更多的特別股，但有些允許你將特別股的股利再投資於普通股。

像一些其他高收益、非傳統的收益型投資一樣，將一、兩支特別股加入投資組合是可以的。但是因為特別股是一種準債券，所以最好還是將大部分資金配置在永久股利成長股中。

本章摘要

- 封閉式基金是一種像股票一樣交易的共同基金。
- 返還本金是以現金進行收益分配，可以延期課稅並降低你的成本基礎。
- MLPs 是合夥企業，通常是能源公司。
- REITs 投資於不動產資產。
- BDC 是類似於公開交易的私募股權公司。
- 特別股既像債券又像股票。
- 封閉式基金、MLPs、REITs、BDC 和特別股是普通股利支付者的替代方案，通常殖利率較高，但也

- 可能在處理稅務方面會很複雜。
- 成為祖克柏太太的麻將咖，可能是獲得有利可圖投資消息的好方法。

CHAPTER 7

建立投資組合的實用指南

你應該聽過一句老生常談：「不要把所有雞蛋放在同一個籃子裡。」那就是為什麼大多數金融專業人士，建議將投資分散到各種不同的資產上。

通常，你不會想100％持有股票或100％持有債券，而是想要良好的資產組合，這樣一來，如果某種資產類別表現不佳，另一種資產類別很可能會表現優異。

一般而言，你想要擁有股票、債券、房地產、貴金屬，以及一些大宗商品或其他投資的組合。有些人將加密貨幣納入，我會在第12章中進一步詳述加密貨幣，包括一些支付股利的加密貨幣。

「經濟大衰退」提供了一個良好例子，可以說明分散投資組合如何平衡風險。

雖然2008年和2009年初股市和房地產暴跌，但債券、黃金和大宗商品表現良好。充分分散投資的投資人，比主要投資股票和房地產的投資人損失更少。我認識很多因為把所有錢都投入房地產而失去一切的人——正是這些人在2年前告訴我：「房地產是賺錢的唯一途徑。」

下次有人告訴你某個特定方法是「賺錢的唯一途徑」時，想辦法做空那個人的淨資產和他們正在談論的投資，因為這兩者在幾年內都會下跌，我保證，無論是黃金、房地產、股票、加密貨幣還是義式小館，全都適用。如果有人（即使是通常很聰明的投資人）對自己的投資自負到下結論說，不可能會有更好的賺錢方式，這意味著那些投資可能處於高點，並開始走低。

在任何資產類別中，多元分散也是有意義的。

如果你擁有出租物業的組合，你不會想擁有全都位於同一街區的房子。如果那個街區突然變得不受歡迎，你的投資組合將遭到重創。你會希望房子分散在整個城鎮，或甚至全國各地。如果你在佛羅里達州的房子價格大跌，也許你在加州的公寓會保值。如果新澤西州的房租下滑，也許科羅拉多州的房租正在上漲。

同樣道理適用於股票和共同基金。事實上，由我擔任首席收益策略師的金融出版集團牛津俱樂部（Oxford Club），有一個由股票、債券、貴金屬和房地產組成的資產配置模型。

在股票資產類別中，我們將股票進一步分類（並多元分散）為大型股、小型股、國際股票（進一步分為環太平洋股票和歐洲股票）、房地產投資信託基金（REITs）等，對債券也做了多元分散。我們推薦的債券包括短期公司債、高收益公司債和抗通膨債券（TIPS）。

配息型股票的投資組合也應該多元分散。雖然大量買入殖利率高達10%的配息型股票可能很誘人，但那很可能會導致災難。將其中一些股票納入充分分散的投資組合以提高殖利率，並沒有什麼不對，但如果持有的都是殖利率為兩位數的股票，就會承擔過高的風險。

一般來說，你會想要將配息型股票分散到不同的殖利率和產業中。

你會想要工業、技術、能源（通常是業主有限合夥企業，

MLPs)、不動產（通常是 REITs）、醫療保健、必需消費品和許多其他產業的股票。

市場上總是會有一些類股表現出色，而其他類股表現不佳。因此，藉著多元分散，可以努力確保納入表現良好的類股。如果消費類股疲軟，也許醫療保健類股將保持強勁。經濟開始出現復甦跡象時，工業類股應該會有好表現。

總是會有特定類股上漲，不是因為股票和經濟的週期性因素，就是特定產業變得熱門。

如果華倫·巴菲特（Warren Buffett）突然宣布他正在收購大型製藥公司，你會希望自己已經買進該產業的股票，因為那個類股可能會在幾週或幾個月內大漲。如果你等到巴菲特在美國全國廣播公司商業頻道（CNBC）上宣布他看好某個類股後才決定進場，那就為時已晚。市場已經做出反應，在這位奧馬哈先知（Oracle of Omaha）說出這些話後半秒，那些股票的價格就會大漲。

但如果你的多元分散投資組合早已納入一些大型製藥公司股票，那麼當巴菲特說他看好大型製藥公司時，你 2 年前以低 15％的價格買進的必治妥施貴寶（Bristol Myers Squibb，NYSE：BMY）和亞培股票將會大漲。

而且對股利投資人來說，重要的是你的殖利率將保持不變。目前的股價是多少並不重要，重要的是你當初買這支股票的價格。

對目前就需要賺取收益，或是試著建立長期致富投資組合

的投資人來說，這是一個重要的區別。

■ 範例：《牛津收益通訊》的投資組合

我管理牛津俱樂部《牛津收益通訊》的三個股票投資組合：即時收益投資組合使用我的 10-11-12 系統，在今天產生高水準的收益，甚至在未來產生更多收益；複利收益投資組合也使用我的 10-11-12 系統，適用的投資人是那些不需要今天的收益，而是想要透過將股利再投資，利用複利的力量來增加財富者；第三個投資組合是高收益投資組合，它不使用我的 10-11-12 系統，適用的投資人是那些能夠承受較高風險以換取較高收益者。

我不會提及投資組合中有哪些股票，因為當你閱讀本文時，這些投資組合很可能已經改變。如需有關投資組合的更多資訊，請造訪 www.oxfordincomeletter.com 或 www.oxfordclub.com。

不過，我會告訴你，目前投資組合是如何多元分散。同樣地，當你閱讀本文時，這種組合可能會改變，因此不要將此視為準則。但正如你將會看到的，這種組合有各種良好的股票，應該會讓我們參與強勁的市場，並防止在任何產業或股票崩盤時遭受嚴重損失。

2022 年 8 月，即時收益投資組合在以下產業擁有六個部位：

能源	3
金融	1
醫療保健	1
不動產（REITs）	1

複利收益投資組合在以下產業擁有 22 支股票：

消費	1
國防	1
能源	5（包括兩家永續能源公司）
金融	4
醫療保健	2
工業	2
不動產（REITs）	2
科技	3
電信	1
公用事業	1

高收益投資組合在以下產業擁有 6 支股票：

商業發展公司（BDC）	1
封閉式基金	2
消費	1
特別股	1
電信	1

資料來源：牛津俱樂部,《牛津收益通訊》, 2022 年 8 月。

我們在殖利率方面也很多元化。正如我提到的，我們不能只是盲目買進殖利率 10% 的股票，我會在本章稍後解釋原因。

雖然我們想要殖利率愈高愈好，但也需要考慮風險和股利的成長。我寧可持有殖利率為 4%、股利每年成長 10% 的股票，也不願持有殖利率為 6%、股利每年成長 3% 的股票。

如果我長期持有這些股票，目前殖利率為 4% 但成長 10% 的股票，在 7 年半後，殖利率將高於殖利率為 6%、成長 3% 的股票。

在 10 年後，最初配息較低的股票，殖利率將達到 9.4%；而一開始配息較高的那支股票，殖利率將只有 7.8%。

因此，對長期持有者來說，股利成長與目前的殖利率同樣重要，甚至更重要。

以下表格讓你參考股票目前的殖利率，以及原始買進價格（股票被加入投資組合時的交易價格）的殖利率，這樣你就可以了解一些股票的殖利率成長幅度。

即時收益投資組合

目前殖利率	原始買進價格的殖利率
4.1%	7.0%
5.2%	6.9%
3.7%	6.3%
6.2%	8.1%
7.4%	10.5%
5.0%	6.9%
平均：5.3%	7.6%

複利收益投資組合

目前殖利率	原始買進價格的殖利率
3.1%	3.3%
4.1%	9.9%
9.9%	8.4%
3.0%	5.2%
5.1%	5.7%
5.8%	6.6%
3.4%	5.2%
5.2%	6.9%
3.7%	4.8%
3.8%	9.9%
6.2%	7.3%
7.4%	10.5%
2.2%	6.3%
6.1%	4.9%
3.7%	6.8%
3.2%	4.3%
5.6%	6.3%
5.0%	4.8%
2.4%	9.7%
5.1%	3.5%
2.5%	13.5%
平均：4.6%	6.4%

高收益投資組合

目前殖利率	原始買進價格的殖利率
8.2%	7.0%
8.4%	11.3%
7.5%	8.5%

目前殖利率	原始買進價格的殖利率
3.1%	3.1%
7.5%	7.5%
8.8%	7.7%
平均：7.3%	7.5%

資料來源，牛津俱樂部，《牛津收益通訊》，2022 年 8 月。

高收益投資組合沒有聚焦於股利成長，所以原始買進價格的殖利率差異就沒那麼顯著。

你可以看到，我們有一些殖利率很高的股票。在即時收益投資組合中，我們有一支股票，它原始買進成本的殖利率在僅僅 2 年前已達到 10.5%。在複利收益投資組合中，我們有一支股票，目前的殖利率僅為 2.5%，但與 9 年前的原始買進價格相比，殖利率達到驚人的 13.5%。順帶一提，這支股票是德州儀器（Texas Instruments，Nasdaq：TXN），在過去 9 年中，它股利再投資的總報酬率為 588%。

這些高配息型股票幫助我們在即時收益投資組合中獲得平均超過 7% 的殖利率，在複利收益投資組合中獲得平均超過 6% 的殖利率，這在現今市場中非常穩健。但我們也有一些殖利率較低的股票，例如在 2022 年 7 月納入投資組合的一家消費產品公司，殖利率為 3.3%，以及一家日本金融機構，殖利率為 3.5%。

如果殖利率 10.5% 的股票出現問題，公司不得不削減股利，股價就會大幅下滑。但德州儀器等公司這些年來應該會持

穩,就像他們幾十年來表現的那樣。

既然我已經證實多元分散的重要性,接著就來討論如何挑選配息型股票。

■ 開始設定投資組合

你需要做的第一件事是回答以下問題:

1. 投資期限是多久?
2. 投資組合的目的為何:是收益還是創造財富?

如果第一個問題的答案是 3 年或更短,那請放下這本書,看看比股票風險更低的選擇。事實上,你應該只考慮貨幣市場帳戶、定存、國債,也許還有 3 年內到期的高評等公司債。

如果你需要在 3 年內回收這筆錢,你就不應該冒太大的風險。在現在的利率環境中,你不會因債券致富,但至少可以確定你在需要錢時,錢會在那裡。

即使是擁有 50 年提高股利紀錄的績優股,也會在熊市中下跌。

純正零件公司是我最喜歡的永久股利成長股之一,自 1956 年以來每年都在提高股利,它的股價在 2007 年達到高點,到 2008 年跌到谷底腰斬,並在 2020 年初新冠疫情(COVID-19)股市崩盤期間再次受到重挫。

的確，2008 年和 2009 年初的金融崩盤是罕見的事件，但對在 2008 年需要將資金取回的人來說，市場下跌的原因或這次拋售的獨特性並不重要。事實就是，投資人需要資金時拿不到錢。那些錢消失了。

順帶一提，能夠挺過 2008 年風暴（而且我希望他們趁低價時將股利再投資）的耐心投資人，看到了純正零件公司的股票迅速回升，2 年內漲了一倍多。到 2010 年 12 月時，該公司股價又重回 2007 年的高點。2009 年 3 月將股利再投資的股東，能夠以低至 27.05 美元的價格買進股票。該公司股價在 2014 年達到 100 美元。

此外，由於疫情封城引發 2020 年股市崩跌，純正零件公司的股價從 2019 年 12 月的逾 106 美元，跌到 2020 年 3 月的低點 49.68 美元。到 2021 年 1 月時，股價又回升到逾 106 美元。一年半後，該股股價接近歷史新高，超過 150 美元。同時，純正零件公司在 2020 年 3 月提高股利，並在 2021 年 3 月再次這樣做。即使在股價崩跌期間，該公司仍然提高股東股利。

2020 年 4 月 1 日，純正零件公司股東收到新增加的每股 0.79 美元股利，股價以 62.74 美元作收。如果投資人將當天收到的股利進行再投資，2 年半內他們在那筆再投資的金額，會獲得大約 125% 的報酬。

的確，疫情期間的崩盤是短暫的。標準普爾 500 指數僅用了 6 個月就回升到原來的水準。從 2007 年到 2009 年的熊市復

甦，則花了較長的時間。

但 2008 年的崩盤讓許多投資人學到一個寶貴的教訓——儘管熊市很嚴酷，但仍要堅持持有資產。即使是在 2007 年最高點買入、並經歷 57% 資產縮水後倖存下來的投資人，也能在 5 年後收復失土，並在 7 年內獲得顯著收益。

但如果你現在或不久的將來需要資金，或許用於退休後的生活、支付學費，或其他不能讓資金冒險的理由，那麼股票（即使是穩健的配息型股票）無法滿足你的需求。

然而，如果你的投資期限至少是 5 年，這個投資組合應該會有很好的表現。

最終，該投資組合在 10 年或更長的期限內效果最佳。股利的複利性質在第八、九年左右會開始真正發揮作用。持續不動用本金的時間愈長，收益愈好。如果你能堅持 10 年以上，那就會開始創造可觀財富。

如果你購買股利殖利率為 4.5% 的股票，而該公司每年將股利提高 10%，那麼在 10 年後，你的股票殖利率將為 10.6%。

如果直接配息（不將股利再投資），10 年後，你將透過股利形式，收回本金的 71%。

看看複利的力量長久以後會造成什麼情況。

12 年半後，你的投資已完全靠你收取的股利回了本，而且你將有 13% 的殖利率。

15 年後，你在原始投資上的殖利率是 17%。

18 年後，你將獲得相當於原始投資金額兩倍的股利。請注意，你花 12 年半才將 100%的資本以股利形式收回，而不到 6 年就再次做到這點。複利是一項強大的工具。到第二十年底，你每年將獲得 27%的殖利率，並獲得相當於原始投資 250%的股利。

　　請牢記，我剛剛討論的殖利率與股價無關。在這個期間，股價可能會增為三倍，也可能會被腰斬。只要公司每年支付並提高股利 10%，你就仍可享有那些殖利率。你將那些股利再投資時，數字會變得更驚人，如同我將在第 8 章中說明的那樣。

　　請記住，大多數公司並不會每年以相同的百分比提高股利，但有些公司的股利成長率確實有一個目標範圍。而且在過去 10 年間，許多公司的股利平均每年增加 10%，可能不是每年皆為 10%，可能是某一年 5%、某一年 15%，但在過去 10 年裡，平均值為 10%。

　　在完美的世界中，我們將擁有巴菲特期望的持有期間，也就是終身持有。如果我們能夠永久堅持持有這些投資，它們應該每年繼續為我們產生愈來愈多的收益。

　　當然，並非每個人都擁有巴菲特那樣的彈性。許多投資人最終需要賣股票來為退休生活提供資金。但如果你可以盡可能延後賣出，這將有助於確保在你需要收入時獲得額外收入。

　　最後，你是今天就需要收入，還是你正試著為明天創造財富，將決定你如何處理股利。

　　今天就需要收入的投資人會在股利發放時（通常是每個季

度）領取股利，而仰賴股利作為收入的投資人通常會追蹤股利何時發放。

有些投資人（尤其是退休人士）在決定買進哪些股票時，可能會把「股利何時發放」納入考慮範圍。他們喜歡大約每週定期收到股利支票的概念。對於包含 10 到 20 支股票的投資組合，你可能可以進行安排，使之能夠按照期望，定期收到股利。

每月而非每季支付股利的公司，特別受到仰賴固定收入生活的人士歡迎。

但我不會那樣投資。根據股票在季度中的哪一週發放股利，來決定購買哪些股票，並非明智之舉。

你應該選擇能夠提供最高殖利率、最高安全性和股利成長機會的最佳股票。這三個因素應該是你的主要考量標準。

公司不會將你的時間安排考慮在內，而可能會將某季的股利延後一兩週發放，這可能意味著，你沒辦法在期望的時間收到股利。

如果你聚焦於何時收到股利，你就會自我設限，並可能錯過當時市場上的最佳投資機會。

比方說，如果你只尋找在 1 月、4 月、8 月和 10 月配息的股票，你可能不會投資股利更安全、殖利率更高和成長機會更好的股票。

當然，一旦你持有股票後，你可以設定自己的行事曆，以便知道股利預計何時發放，但不要根據配息派發時間來購買股票。

> **不要被配息時間限制**
> 不要根據預期的股利發放時間來購買配息型股票,而是應該購買你能找到的最佳股票。不要讓行事曆限制你。

■ 用殖利率挑選股票

如果你現在需要收入,請不要計算你需要多少股利收入,並挑出能提供這種收入的股票。這樣做會引發災難,你很可能會走捷徑,選擇的股票可能不符合你原本嚴格的標準。你可能只聚焦於今天能賺多少錢,而疏於注意成長和安全性。

你反而應該尋找最好的股票,看看它們是否符合你的收入目標。如果不符合你的目標,請仔細檢視你打算選擇的投資組合,看看可否在不犧牲安全性或成長的情況下換掉某些股票。

> 殖利率:投資人根據投資成本所獲得的利息或股利的百分比。要計算殖利率,請將股利金額除以股價。
>
> 範例:股票交易價格為 20 美元,每股支付 1 美元股利,殖利率為 5%(1 美元/20 美元=0.05,即 5%)。
>
> 請注意,如果股價改變,投資人的殖利率不會改變。在本例中,如果投資人以 20 美元的價格購買股票,股價上漲至 25 美元,他們的殖利率仍將為 5%,因為他們每購買 20 美元的股票,會獲得每股 1 美元的收益。新投資人則會獲得 4% 的殖利率,因為他們每股必須支付 25 美元。唯一使投資人殖利率改變的方法是,以不同的價格購買更多股票或股利金額改變。

或許你可以用殖利率 4.7%的股票替代殖利率 4%的股票，配息率僅略高而且成長率類似。

但你若說「我需要賺 7%」，並只尋找能夠產生 7%殖利率的股票，將是一場大災難。為什麼？因為你想獲得更高的殖利率，結果卻承擔太多風險。

你應該聽過「天下沒有白吃的午餐」這句話，這尤其適用於華爾街。如果一支股票的殖利率遠高於平均水準，通常有個很好的理由。理由可能是，管理階層認為必須支付高殖利率才能夠吸引投資人。如果某家公司的管理階層用殖利率來引誘投資人，把殖利率當作綁在棍子上的胡蘿蔔，吊在投資人面前（特別是如果該殖利率無法持久），你就不會想買那家公司的股票。

另一個理由是，股票可能下跌，這會推高殖利率。現在沒有人比我更喜歡被壓低的股票。但有時候，股票下跌是有充分理由的——因為它理應下跌。糟糕且疲軟的基本面會將股價壓低，而且在情況開始改善之前，你不應該碰它，否則你的高股利殖利率可能會受到威脅。

相反地，你要找的公司，它的管理團隊能夠支付可觀的股利，因為該團隊相信每季都應該回饋部分現金給股東，而且它有足夠的資金這樣做。

2022 年 8 月，標普 500 指數的股利殖利率為 1.5％。過去 50 年，標普 500 指數的平均殖利率為 2.8％[1]。追溯到 1871 年，標普 500 指數或其前身（標普 500 指數在 1957 年問世）的平均

殖利率為 4.3%[2]。

過去的投資人顯然比現今的投資人更堅持要求較高的殖利率。標普 500 指數的殖利率直到 1996 年才首次跌破 2%。

在大蕭條期間，如果你有足夠的膽識（和現金）在 1932 年投資，你可能獲得高達 13.84% 的殖利率。隨著股市復甦，殖利率在 2 個月後腰斬，一年內縮水三分之二。

一般來說，我尋找的股票是，殖利率至少是目前標普 500 指數的一‧五倍，而且最好是至少兩倍。

同樣地，股利的成長和安全性比殖利率更重要，所以如果我認為在未來 10 年，殖利率 3.7% 的股票會比殖利率 4.5% 的股票更好，那我可能會選擇前者。

你也會想確保你的殖利率能夠跟上預期的通膨。通常，我會建議你的股利成長率要高於通膨率，以確保你的購買力在未來保持不變或成長。

通膨率 2% 時，股利成長率高於通膨率很容易達到。通膨達到 10% 時，就沒那麼容易達到。有些股票的年平均股利成長率為 10%，但要找到它們比較難，特別是如果你想要投資多樣化的行業、市值和其他變數。

沒有人知道 5 或 10 年後的通膨率會是多少，但我們可以將歷史平均值視為指引。自 1914 年以來，通膨率平均每年約為 3.2%，因此理想情況下，你應該以遠高於此的股利成長率開始搜尋，特別是如果你準備持有的股票是在應稅帳戶中，因為你將需要為股利繳稅。

REITs 和 MLPs 通常支付明顯較高的殖利率，原因在於它們的公司結構，這一點我已在第 6 章中解釋。但目前請記住，雖然 REITs 和 MLPs 可能在你的投資組合中占有一席之地，但你應該避免僅僅因為具有吸引力的殖利率，就想要增加持有。

通常，這些高殖利率會伴隨緩慢的成長。因此，如果跟上通膨對你來說很重要，那麼這些殖利率 6% 的投資收益經過一段時間，可能不會比現在的水準高很多。正如之前討論的，你會希望讓投資組合多樣化，而不是僅僅因為任何一兩個產業的股票殖利率高，就過度投資。

在目前環境下，我幾乎會自動拒絕任何具有兩位數殖利率的投資項目。我說「幾乎」，是因為有一種情況是，某支好股票可能會因為所屬行業低迷而受到拖累，或者也許該股票確實應該受到衝擊，但市場對它的反應有些過度。

但在大多數情況下，殖利率 10% 的股票應該是一個警訊，而不是吸引人的訊號。如果你打算投資這種殖利率的股票，請務必仔細加以檢視。

你應該關注的第一件事是……

■ 配息率

配息率是支付的股利與淨利的比率。例如，如果一家公司的利潤為 1 億美元，並支付 3,000 萬美元的股利，則其配息率為 30%。

配息率＝已付股利／淨利

請注意，配息率與每股殖利率或股利無關。我們可以透過查看公司的財務報表（準確地說是現金流量表）來計算配息率。

圖 7.1 是純正零件公司的現金流量表，這是第 2 章中討論過的一家平淡穩定的公司，自艾森豪政府以來每年都提高股利。

你可以看到，2021 年該公司支付逾 4.65 億美元的股利，而淨利接近 8.99 億美元，配息率為 52%。

配息率告訴你，公司是否有足夠的利潤來維持（或增加）股利。如果一家公司的配息率為 52%，就像純正零件公司一樣，這意味著它每賺 1 美元的利潤，就會向股東支付 0.52 美元的股利。

這是一個可持續的數字，而且還有成長的空間。

如果你正在考慮這家公司，並且知道收益預計會增加，你可以假設股利也會增加，因為配息率僅為 52%。鑑於過去 66 年來，純正零件公司每年都會提高股利，你可以放心假設，隨著淨收益的上升，股利也會上升。

配息率愈低，股利成長的空間就愈大。

如果一家公司的配息率為 90%，獲利縮水可能導致股利削減，因為除非動用其資本（這種情況有時會發生），否則該公司將無法支付全部股利。

有時，你會看到配息率超過 100% 的公司，這意味著他們

純正零件公司及子公司
合併現金流量表
（單位：千）

	至12月31日為止的年度		
	2021	2020	2019
營運活動：			
淨利（虧損）	$ 898,790	$ (29,102)	$ 621,085
終止營運產生的淨虧損	—	(192,497)	(25,390)
持續營運產生的淨利	898,790	163,395	646,475
調整以將持續經營產生的淨利，對應到營運活動提供的淨現金：			
折舊和攤銷	290,971	272,842	257,263
來自股票基礎薪酬的稅收優惠	(7,076)	(677)	(4,920)
遞延所得稅	31,676	(27,722)	(55,939)
股票基礎薪酬	25,597	22,621	28,703
軟體處置損失	61,063	—	—
已實現的貨幣和其他出售業務的損失	—	11,356	34,701
股權投資收益	(10,229)	—	(38,663)
商譽減損	—	506,721	—
其他營運活動	(21,183)	12,569	(17,589)
營運資產及負債變動：			
淨應收帳款	(258,994)	957,514	(134,163)
商品庫存淨額	(329,237)	58,462	(54,765)
應付帳款	777,318	89,350	82,739
其他短期資產與負債	(148,089)	(109,812)	11,740
其他長期資產與負債	(52,322)	57,903	76,937
持續經營活動中的營運活動提供的淨現金	1,258,285	2,014,522	832,519
投資活動：			
不動產、廠房及設備購買	(266,136)	(153,502)	(277,873)
不動產、廠房及設備出售所得款項	26,549	18,064	24,387
出售業務所得款項	17,738	387,379	434,609
收購企業及其他投資活動	(284,315)	(69,173)	(724,718)
持續經營的投資活動所使用的淨現金	(506,164)	182,768	(543,595)
融資活動：			
債務所得款項	892,694	2,638,014	5,037,168
債務付款	(1,053,423)	(3,533,017)	(4,897,769)
已履行的股票基礎獎勵	(22,346)	(4,120)	(11,413)
已付股利	(465,649)	(453,277)	(438,890)
購買庫存	(333,599)	(96,215)	(74,187)
其他融資活動	(7,209)	(65,150)	(871)
持續經營活動中的融資活動所使用的淨現金	(989,532)	(1,513,765)	(385,962)
終止經營活動中的現金流量：			
終止經營活動中的營運活動提供的淨現金流量	—	5,039	59,491
終止經營活動中的投資活動使用的淨現金	—	(11,131)	(19,611)
終止經營活動中的融資活動提供的淨現金	—	—	—
終止經營活動提供（使用）的淨現金	—	(6,092)	39,880
匯率變動對現金及現金等價物的影響	(38,054)	35,741	603
現金及現金等價物淨（減少）增加額	(275,465)	713,174	(56,555)
年初現金及現金等價物	990,166	276,992	333,547
年底現金及現金等價物	$ 714,701	$ 990,166	$ 276,992
現金流量資訊的補充揭露			
年內支付的現金：			
所得稅	$ 305,326	$ 223,019	$ 303,736
利息	$ 65,732	$ 91,344	$ 95,281

圖 7.1　純正零件公司的現金流量表

資料來源：純正零件公司。

的所有收益和手頭部分現金都將用於配息。

這長期來看是無法持續的，你應該避免投資這些公司。

當你看到一支殖利率高於10%的股票時，通常會發生這種情況。該公司正在將它所能投入的每一塊錢都用於支付股利，以吸引投資人，但它很可能無法長期持續這種做法。

回到純正零件公司的實例，儘管它2020年虧損2,900萬美元，它仍支付了4.53億美元的股利。你可能會問，公司虧損時，如何支付近5億美元的股利？

這是個很好的問題。

答案是，因為純正零件公司的現金流量仍然為正。

> 現金流量：在特定期間內，公司產生的淨現金金額。

收益和現金流量之間有很大的差異。監管機構允許各種非現金的扣除項目，這些項目可能會降低一家公司的獲利。

例如，某家公司購買一台機器時，會從其利潤中扣除折舊，但折舊並不影響該公司營運產生的現金。

我們就用我的義式小館建立一個非常簡化的損益表，來進行說明（表7.1）。

假設由於我有超棒的焗烤通心粉食譜（真的很棒），餐館營收達到100萬美元。我們的銷貨成本是50萬美元，因此毛利為50萬美元。

表 7.1　馬克・利希滕菲爾德義式小館 2022 年損益表

營收	$1,000,000
銷貨成本	$500,000
毛利	$500,000
營運費用	$300,000
營運利潤	$200,000
折舊	$100,000
稅額	$0
淨利	$100,000

營運費用為 30 萬美元，因此營運利潤為 20 萬美元。

> 折舊：一種會計方法，讓企業在設備的使用年限內，分年攤提其成本列為費用。

我們開業時，會購買很多每年都會折舊的設備，我們被允許將折舊列為費用，這會降低我們的利潤。

最後，我們不必繳稅——不是因為我們聘用富有創意的會計師，而是因為我們有可遞延的虧損可以抵扣。

從表 7.1 可以看出，折舊使我們的淨利從 20 萬美元降至 10 萬美元。但我們實際上賺了 10 萬美元，還是賺了 20 萬美元？

如果我們建立現金流量表，就要將折舊之類的所有非現金項目加回來。請記住，折舊並不代表今年支出的任何實際現金。我們在前幾年支付了設備費用，但現在將折舊列為用來扣

抵營運利潤的一項費用。

例如：這家小館購買價值 50 萬美元的設備，並在第一年支付費用。設備通常會在 5 年內折舊，因此我們可以在 5 年內每年計入 10 萬美元的折舊費用，即使我們在第一年支付了 50 萬美元。

我們來建立一個非常簡化的現金流量表，在其中將折舊費用加回去（表 7.2）。

表 7.2　馬克‧利希滕菲爾德義式小館的 2022 年現金流量表

淨利	$100,000
折舊	$100,000
營運活動總現金流量	$200,000

為簡單起見，我並未納入其他可以改變現金流量的變數，所以我們只假設，營運活動產生的現金流量，是企業產生的總現金流量。

你可以看到，雖然基於稅務目的向政府申報的淨利為 10 萬美元，但現金流量（企業實際產生的現金金額）是 20 萬美元。

回到純正零件公司的實例，雖然該公司在 2020 年沒有獲利，但它能夠支付 4.53 億美元的股利，因為它營運活動的現金流量超過 20 億美元。

儘管該公司全年虧損 2,900 萬美元，但它的業務產生 20 億美元現金，使它能夠支付股利。

根據營運現金流量來計算，配息率僅 23%。

我計算配息率時，是使用自由現金流量或營運現金流量，它比收益更能準確代表公司是否有能力支付股利。

> 自由現金流量＝營運現金流量－資本支出

自由現金流量是最保守的現金流量指標，它告訴你公司在設備和設施上投入資金後，透過經營業務產生了多少現金。

由於有相當多的會計規則，收益可以（而且經常）被用來講述管理階層想要講述的故事。

執行長的獎金和股票選擇權，經常是根據收益來決定。股票往往隨著收益而變動，因此如果執行長擁有大量股票或選擇權，對他們有利的做法是，確保公司股價處於高位。提高股價的一個可靠方法是快速增加收益。

因此，執行長通常有直接的財務動機來盡可能提高公司收益，無論這些收益是否反映事實。

現金流量則較難捏造。當然，想要進行徹底詐欺的高階主管可能會這樣做，但操縱現金流量數字更困難，因為它代表公司產生的實際現金量。

可以將現金視為所有流入的現金減去所有流出的現金。

淨利是會計師們夢想的東西，現金流量則是企業家所依賴的東西。

正如我提到的，由於股價長期與收益連動，你當然想投資於收益成長的公司。但為了分析股利及其未來被削減或成長的

可能性,現金流量是一個更可靠的指標。

公司不能用收益來支付股利,而必須用現金支付。

因此,我偏好在確定配息率時使用現金流量。與收益類似,我通常希望看到75%或更低的配息率;如果公司是公用事業公司、BDC、REITs或MLPs,則配息率可能會更高。

低於75%的配息率讓我相信,管理階層不僅可以繼續發放股利,還可以增加股利,即使業務下滑亦然。

例如,一家配息率為50%(以現金流量為基礎)且有20年提高股利歷史的公司,即使現金流量減少10%,明年提高股利應該沒有問題。

請記住,具有長期提高股利歷史的公司,會希望繼續提高股利(即使只是提高1美分),以保持該紀錄的完整性。管理階層知道投資人正在密切關注,任何政策變化都將被視為前景的變化。

▌股利成長率

此時,我假設你正在關注的任何股票,都是每年會提高股利的股票。但一家每年將股利提高半美分,只是為了躋身提高股利企業名單的公司,不太可能幫助你實現目標。

你需要關注的是股利成長率。

為此,你可以造訪公司的投資人關係網站,或者,如果該公司不提供其股利歷史紀錄,你可以造訪那斯達克網站(www.

nasdaq.com），輸入股票代碼（包括在紐約證券交易所上市的股票），然後點選「歷年股利發放」（Dividend History）。

一旦你掌握了「歷年股利發放」資料，你可以把數字輸入複合年成長率計算機來計算成長率。我喜歡這個網站上的工具：cagrcalculator.net。

在「起始值」（Starting value）欄中輸入初始股利金額，在「結束值」（Ending value）欄中輸入目前股利金額。然後，在「期數」（No. of periods）處輸入時期的數量。

例如，圖 7.2 顯示嬌生公司（Johnson & Johnson's，NYSE：JNJ）最近的股利發放紀錄。

要計算 5 年複合年成長率，請在「起始值」中輸入 0.90 美元，因為這是 5 年前支付的股利，並在「結束值」中輸入 1.13 美元，因為這是目前的股利。然後，在「期數」中輸入 5，因為你要計算 5 年複合年成長率。

結果是 4.66%。

這意味著，在過去 5 年中，嬌生公司的股利平均每年提高 4.66%。

在嬌生的案例中，它的投資人關係頁面上的資料可追溯到 1972 年。

宣布日	除息日	登記日	付息日	金額	類型
2022年7月18日	2022年8月22日	2022年8月23日	2022年9月6日	1.13	美國貨幣
2022年4月19日	2022年5月23日	2022年5月24日	2022年6月7日	1.13	美國貨幣
2022年1月4日	2022年2月18日	2022年2月22日	2022年3月8日	1.06	美國貨幣
2022年股利總額：3.32					
2021年10月21日	2021年11月22日	2021年11月23日	2022年12月7日	1.06	美國貨幣
2021年7月19日	2022年8月23日	2021年8月24日	2021年9月7日	1.06	美國貨幣
2021年4月20日	2021年5月24日	2021年5月25日	2021年6月8日	1.06	美國貨幣
2021年1月4日	2021年2月22日	2021年2月23日	2021年3月9日	1.01	美國貨幣
2021年股利總額：4.19					
2020年10月22日	2020年11月23日	2020年11月24日	2020年12月8日	1.01	美國貨幣
2020年7月20日	2020年8月24日	2020年8月25日	2020年9月8日	1.01	美國貨幣
2020年4月14日	2020年5月22日	2020年5月26日	2020年6月9日	1.01	美國貨幣
2020年1月2日	2020年2月24日	2020年2月25日	2020年3月10日	0.95	美國貨幣
2020年股利總額：3.98					
2019年10月17日	2019年11月25日	2019年11月26日	2019年12月10日	0.95	美國貨幣
2019年7月15日	2019年8月26日	2019年8月27日	2019年9月10日	0.95	美國貨幣
2019年4月25日	2019年5月24日	2019年5月28日	2019年6月11日	0.95	美國貨幣

宣布日	除息日	登記日	付息日	金額	類型
2019年 1月2日	2019年 2月25日	2019年 2月26日	2019年 3月12日	0.90	美國貨幣
2019年股利總額：3.75					
2018年 10月18日	2018年 11月26日	2018年 11月27日	2018年 12月11日	0.90	美國貨幣
2018年 7月16日	2018年 8月27日	2018年 8月28日	2018年 9月11日	0.90	美國貨幣
2018年 4月26日	2018年 5月25日	2018年 5月29日	2018年 6月12日	0.90	美國貨幣
2018年 1月2日	2018年 2月26日	2018年 2月27日	2018年 3月13日	0.84	美國貨幣
2018年股利總額：3.54					

圖 7.2　嬌生公司歷年股利發放

資料來源：嬌生公司。

如果你只是為了好玩，而想查看一家公司 30 或 40 年前的所有股利，那就請自便。但這與判斷某支股票是不是目前合適的投資，實際上並不相關。該公司在 1974 年將股利提高 38%，但那並不重要。我們最感興趣的是過去幾年的股利紀錄，因為那可能是我們預測近期未來情況的最佳指標。

當然，事情可能會改變。某家公司可能會因為旗下熱門產品，現金流量顯著增加，這可能會刺激管理階層比過去更大幅增加股利。或者也會出現相反的情況，例如某家歷年股利發放均提高 10%的公司可能會經歷衰退，而股利增幅可能會被削減至僅有 1%（以便保持連續成長紀錄）。

但一般來說，如果你想了解股利成長的方向、以及可以預

期的成長幅度，請查看最近 1 年、3 年、5 年和 10 年的平均值，以獲得大致的數字。

這是衡量公司績效的良好標準。如果一家公司在過去 1 年、3 年、5 年和 10 年平均股利成長至少 10%，而今年僅成長 2%，那麼你可能需要仔細研究，以評估它是否有可能提供你想獲得的收益成長。

如果明年它只將股利提高 2%，那也許是時候停止投資，並尋找提供更高成長的替代方案了。

特別股利

顧名思義，特別股利就是它字面的意思。這是一種很特別的股利。有問題想問嗎？

特別股利通常是一次性支付，往往比一般股利支付更高的金額。

檢視金融服務控股公司 OneMain Holdings（NYSE：OMF）的股利圖表（圖 7.3）和資料（圖 7.4）可以看到，2019 年前兩季它向股東每股支付 0.25 美元，然後在 8 月那季支付 2.25 美元——每股 0.25 美元的一般股利，加上每股 2 美元的額外特別股利。

該公司在 2020 年發放兩次特別股利，在 2021 年又發放兩次。同時，它也提高了一般股利。

毫無疑問，收益型投資人對這些高額特別股利感到興奮。

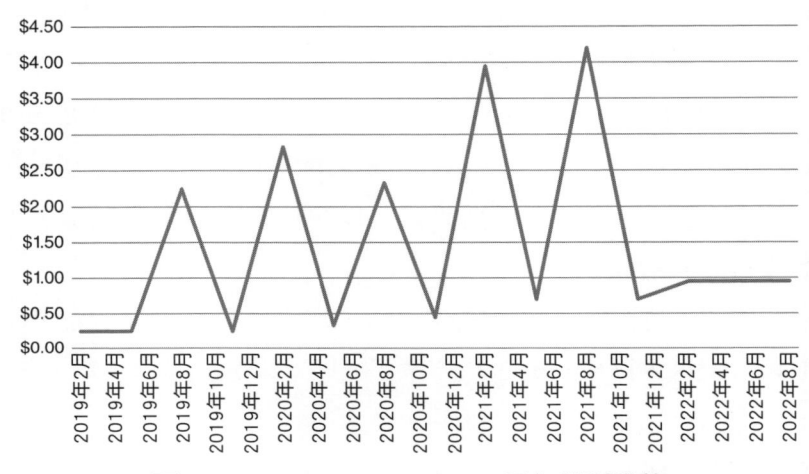

圖 7.3　OneMain Holdings 歷年股利發放

來源：那斯達克。

　　公司可能基於多種原因宣布發放特別股利，最常見的原因之一是股東要求這樣做。我們看到，在 2004 年，微軟坐擁數十億美元現金，向股東支付每股 3 美元的特別股利。此次支付幾乎沒有減損該公司的現金準備，但在一定程度上安撫了投資人，因為投資人不滿該公司囤積現金，而不是將現金用於收購其他公司或其他成長計畫。

　　投資人要求特別股利，是因為覺得公司持有「他們的」現金。如果管理階層不打算用這些現金做點什麼，不如歸還給投資人。

　　可以想見，管理階層很少同意這種觀點，但有時當抱怨聲太過強烈時，管理階層會略施小惠，給投資人特別股利。

OneMain Holdings 歷年股利發放

除息日	現金金額
08/05/2022	0.95 美元
05/06/2022	0.95 美元
02/11/2022	0.95 美元
11/01/2021	0.70 美元
08/05/2021	4.20 美元
05/05/2021	0.70 美元
02/17/2021	3.95 美元
11/06/2020	0.45 美元
08/07/2020	2.33 美元
05/28/2020	0.33 美元
02/25/2020	2.83 美元
11/25/2019	0.25 美元
08/26/2019	2.25 美元
05/28/2019	0.25 美元
02/25/2019	0.25 美元

圖 7.4　OneMain Holdings 歷年股利發放

資料來源：那斯達克。

　　我提到這個主題，是因為你不想在任何年度股利成長計算中包含特別股利。特別股利是特殊的一次性項目。即使像 OneMain Holdings 這樣定期發放特別股利的公司也是如此。你不能依賴這種收入。公司不會總是支付特別股利，即使它過去曾經發放過。除非公司規劃大約會每年發放特別股利，否則你不應該假設你短時間內會收到另一筆特別股利。

　　由於發放特別股利是一種異常事件，在股利成長計算中包

含特別股利，會讓你無法準確了解公司的股利成長政策。

如果你碰巧擁有一檔宣布發放特別股利的股票，請把它視為額外收入——一筆不錯的額外獎金。但不要指望它再度發生。你反而要確保，你投資某家公司是因為根據該公司定期的季度股利，它的殖利率和股利成長率相當具有吸引力。

此外，如果你要計算配息率，請務必從等式中移除特別股利。

比方說，如果一家公司的定期年度股利為每股 1 美元，該公司在年內宣布特別股利為每股 0.50 美元，且發行股數為 1 億股，則支付的股利應等於 1.5 億美元（1.50 美元 × 1 億股）。

在決定配息率是否可持續時，要排除特別股利 5,000 萬美元，並根據總計 1 億美元的一般股利進行計算。

不過，最後有一點要注意：一定要查看已支付的股利總額，包括特別股利，以確保總額不超過公司的現金流量。

如果一家公司擁有 1 億股股票，一般股利為每股 1 美元，並宣布特別股利為 3 美元，那麼你應該擔心，該公司的現金流量總額是否只有 2 億美元。

從配息率的角度來看，1 億美元的一般股利沒有問題，因為它只相當於 50% 的現金流量。但由於特別股利為 3 億美元（每股 3 美元 × 1 億股），股利支付總額為 4 億美元——比公司現金流量多 2 億美元。

你要確保公司有足夠的現金來支付特別股利，並且不會透過借貸或發行新股來支付。

有時候，強大的對沖基金或投資人會迫使公司借貸來支付高額股利。如果股利無法持續，該公司就不是你想要長期投資的對象。

　　確保你知道支付特別股利的現金來自哪裡。

> **重點摘要**
> - 在股利投資組合內分散持股。
> - 投資時不要根據你需要多少錢或何時股利會發放來決定；要投資於股利表現強勁的優質公司。
> - 在檢視配息率時，請以現金流量來衡量。
> - 了解持股的股利成長率。

CHAPTER 8

10-11-12 投資策略

現在是時候把這些知識付諸實踐，打造一個能夠逐年產生越來越多年度收入、並在多年後累積實質財富的投資組合了。

要挑選在 10 年內產生 11% 殖利率和 12% 平均年度總報酬率的配息型股票，有以下三個重要標準：

1. 殖利率
2. 股利成長
3. 配息率

■ 殖利率

正如我們討論的，絕不要因為股票的殖利率很吸引人就買進該股票。話雖如此，殖利率仍是投資配息型股票的關鍵要素。從夠高的殖利率開始著手，對實現目標極為重要。

正如你不會購買一支殖利率為 10%、但不成長或無法持續的股票，你也不會僅僅因為一支低殖利率股票的股利成長迅速並且看來安全，就買進該股票。

如果你主要希望資本成長（而且你認為股價會大漲），那麼低殖利率股票可能會具有吸引力，但你不會為了收益而買進它。

顯然，對於你購買的任何股票，即使是基於收益目的，你買它也是因為你認為它長期價格會上漲。如果你認為某家公司是夕陽產業中的弱者，無論它歷年股利如何增加，你可能都不

想持有它的股票。如果你認為這家公司處於困境，那麼你投資它就難以高枕無憂。而我在本書中討論的那種股票，其目的正是要讓你晚上安然入睡。

一家股利殖利率為 1.4%、配息率較低且每年將股利提高 10% 的公司，不會讓你達到你想要的目標。即使每年增加 10% 的股利，10 年後你的殖利率也只有 3.3%。雖然今天起始的這個殖利率並不算差，但我們希望 10 年後的殖利率遠遠不止於此。

■ 股利成長

股市的重點是成長。公司的收益和現金流量持續成長，投資人才會買它們的股票。收益型投資人希望股利持續增加，執行長們試圖提高銷售額和利潤，投資人為成長中的公司支付更高的價格。如果一家公司停止成長，其股價通常會受到重創。

該公式的一個關鍵要素是股利成長。如果股利沒有成長，股利將因通膨而失去購買力。即使通膨率較低，經過多年後，這些錢還是無法像以前那樣買到那麼多東西。

每年大幅提高股利的公司，通常都會有持續增加的獲利和現金流量。這是業務健康的標誌，而且同樣重要的是，它顯示管理階層了解對股東的信託責任。

標普 500 指數的歷史平均股利成長率為每年 5.9%。考慮到 3.2% 的平均通膨率，這水準還不錯。根據歷史平均水準，

這意味著投資人每年的購買力將增加 2.7 個百分點。因此，投資標普 500 指數可以讓投資人領先通膨，並保持購買力。

但我們想要遠遠領先通膨。通膨並不一定都會低於歷史平均水準。某些經濟領域，例如天然氣、食品和大學學費，價格似乎每年都在大幅上漲，無論政府統計資料怎麼說。因此，我們希望股利每年強勁（但可持續）成長。

▋配息率

重點是安全性。在你選擇能夠產生巨額獲利的優質股票之前，你需要確保這些股票將維持優質，並幫助你實現財務目標。如果一家公司的財務狀況不佳，未來某個時候可能會讓你失望。因此，請確保公司可以繼續執行其股利政策。

巴菲特投資的第一條規則是「不要虧錢」。他的第二條規則是「不要忘記第一條規則」。

股利投資人應該注意巴菲特的話。為了使複利機器每年都獲得動力，股利需要成長。如果一家公司無法維持股利成長，並且必須削減股利，那會破壞整個計畫（也可能破壞股價）。你很可能必須以較低的價格賣出持股，然後重新開始購買其他股票。

透過檢視公司的配息率，你通常可以避免大多數可能導致投資組合失控的問題股票。

請記住，一般來說，我希望看到配息率（基於現金流量）

為 75％或更低，除非該股票屬於 BDC、REITs 或 MLPs。在這些情況下，配息率可能高達現金流量的 100％，因為它們多半有將全部或幾乎全部現金流分配出去的政策，雖然在那些情況下，安全邊際（margin of safety）就會低得多。只需要一兩年經營困難，就可能中斷其年度股利成長的紀錄。

▌公式

為了在 10 年內達到 11％的殖利率和 12％的平均年報酬率，我們需要做出一些假設。我們也將改變那些假設，好讓你了解，需要做哪些改變才能獲得你正在尋找的 10-11-12 結果。

正如我在本書前面所說的，我不相信教條。如果有人告訴你，「絕對不要」或「一定要」購買高於或低於特定估值、殖利率、配息率、技術指標等的股票，那麼他若非在騙人，就是在騙自己。

這樣的說法聽起來非常強而有力，畢竟外面有那麼多人自稱對投資世界瞭若指掌。但市場根本不是那樣運作的。

股票有維持超買或超賣的趨勢，並朝著超出大多數投資人預期的方向進一步發展。市場是活生生的、會呼吸的動物，有自己的心智，不在意股市大師們的硬性規則。

話雖如此，我們仍然可以使用指導方針來制定策略，並使用歷史數字和平均值作為參考點。很多時候，股票確實會回歸均值（revert to the mean），因此，要是你買進本益比低於歷史

平均水準的股票,那麼在未來的某個時候,這些股票很可能會再次以歷史平均水準進行交易。

當我為你提供股票指南,讓你找到的股票能建立一個絕佳的收益型資產投資組合,為你在10年內獲得11%的殖利率,並產生12%的平均年總報酬率時,請記住所有上述原則。

如果你發現一支你喜歡的股票,但它的殖利率比我建議的最低殖利率低0.2個百分點,請記住,規則不是一成不變的。如果配息率高出3%,但你有充分的理由相信未來幾年的收益和現金流量成長將會相當強勁,那就冒險試試。這些數字僅做為指引,它們是好的指引,但就只是指引而已。

在向你提供指引之前,先介紹一下幾個假設。

假設1:除非另有說明,否則在未來10年中,股票每年將上漲7.86%,相當於1961年以來股市的歷史平均水準。

這個7.86%的成長率涵蓋經濟大衰退、多次市場崩盤以及一般的熊市,也包括景氣好的時期,例如1990年代和2010年代的牛市。

我知道有很多空頭人士相信這次是不同的——世界已經為自己挖了一個深坑,永遠無法爬出來。

這本書的第一版(2011年底寫成)上一段話是這樣總結的:「瘋狂的世界領導人現在擁有核子武器,房地產市場不太可能很快反彈,石油即將耗盡,以及其他所有可怕的事情,都

會導致股市下跌。」

有趣的是，僅僅 3 年後，其中兩個問題就解決了。不幸的是，世上仍然有一些握有可怕武器的瘋狂人物。但房地產市場已經復甦，美國現在擁有充足的石油和其他廉價能源。

當然，我們仍然可以指出其他問題：中東恐怖分子猖獗、債務沉重、世界各地的經濟仍然步履蹣跚、全球暖化和海平面上升……。

中東的恐怖分子確實仍然存在，我們仍然背負著沉重的債務。也許有一天那會成為重大問題，但迄今為止，儘管悲觀論者提出警告，債務尚未對經濟造成重大影響。世界各地的經濟體大多都很強勁，雖然它們可能而且將會出現波動。氣候變遷則仍是一大問題。

仍然有很多可能導致市場下跌的可怕事件，這些事件總會存在。美國陷入嚴重分歧，俄羅斯入侵其他國家，中國正在展示自己的實力，大規模疫情可能會再次發生……等我撰寫第四版時，看看這些問題中有哪些已經平息，將會很有趣。希望其中很多問題已經解決。

所以，也許市場會下跌。我不預測市場，我只知道，我們之前經歷過一些非常糟糕的時期。儘管希特勒的軍隊在歐洲造成可怕的屠殺，二戰期間有 6,000 萬人（占世界人口的 2.5%）死亡，但股市卻表現異常出色。

正如我之前提到的，在 85 個滾動的 10 年期中，市場只出現過七次負值。這 95 年裡發生許多災難、戰爭、暗殺、內

亂、醜聞、短缺和糟透的政治領導——儘管經歷了這一切，10年後市場92%的時間都是正向的，而且是非常正向。平均而言，投資人在市場上的資金，每10年就會增加一倍以上。

是的，世界現在存在某些問題，有些問題極為嚴重。但我會站在歷史這一邊，並假設未來10年、20年和30年將與過去50年類似——而且股市會按照平均7.86%的漲幅上升。

另外請記住，配息型股票，特別是那些股利不斷增加、殖利率穩定的股票，歷來表現優於市場，所以這個7.86%的假設可能較為保守。如果整體市場達到7.86%的平均水準，我認為，預期此類股票的年均價格會上漲9%或10%，並不會超出合理範圍。

我會模擬一些市場表現低於平均水準的情境，甚至是市場表現持平或虧損的情境，讓你看到該公式在所有類型市場中的表現。

假設2：平均值是始終如一的。在分析這些潛在投資組合的財務模型中，必須假設平均股票表現和股利成長始終如一。但現實生活中絕不會出現這種情況。

即使未來10年股票平均每年上漲7.86%，你的股票顯然也不會每年都達到該數字。今年可能上漲10%，明年上漲5%，接下來下跌4%，然後持穩，接著再上漲20%，以此類推。這些價格變動將對你的總報酬造成影響。

如果你長期將你的股利再投資，最好的情況實際上是，股市疲軟，而你投資的公司利潤和股利仍在成長，這樣你就可以用較低的價格將股利再投資。只有當你想賣股票時，你才應該關心股價是否上漲。如果沒有打算賣股票，那就讓股票繼續處於低位並被低估──只要股利不斷增加並且能持續即可。

這種想法與我們對市場曾經有過的每種情緒都迥然不同，但是當我的一支配息型股票價格走高時，我卻感到很鬱悶。

如果我的某支股票因為強勁的收益和宣布提高股利而上漲逾 10%，那麼現在我就必須以每股 33 美元，而非以每股 29 美元左右的價格，將我的股利再投資。股票上漲 4 美元固然很好，但現在對我來說並不重要，因為我 20 年內都不打算賣掉。我寧願它的價格是 29 美元（或 25 美元），這樣每次發放股利時，我可以買更多股票。

我們必須在建立模型時，將平均值假設為固定的數值，因為我們不知道市場將如何發展，即使它確實按照平均值來運行。

你可以使用股利計算機，該計算機可在本書的網站 www.getrichwithdividends.com 上免費使用，而且你可以更改變數，以查看輸入數字變更時投資的表現。你也可以透過我的免費電子報《富裕退休》網站 www.wealthyretirement.com，連上股利計算機。

如果你特別看跌或看漲，請盡量避免修改股票的平均報酬率。即使是專業人士（或者我應該說，尤其是專業人士）也會犯錯。你看過多少次，先前看漲的分析師在該公司未能獲利且

股價暴跌後，才下調該股票的評等？你看過多少次，著名的華爾街資金經理人對股票走勢的預測完全錯誤？

這種情況經常發生，所以幫自己一個忙：堅持使用平均值。如果你想改變平均值，以了解看多或看空情況下會發生什麼，那沒關係（我會在接下來為你做這件事），但要抗拒一種衝動：根據你預期會發生的情況，每年改變股票價格。

股利成長數字也是如此。

現在就是你一直在等待的時刻：如何設定你自己的 10-11-12 投資組合。

正如人們所說：「安全第一。」我們要檢視的第一個項目，目的是讓你的投資組合保持安全，並確保你購買的股票將繼續能夠支付和增加股利。

▎配息率：75%或更低

除了 REITs、BDC 和 MLPs 之外，我尋找配息率為 75％或更低、銷售額和收益以及現金流量持續成長的公司。在所有準則中，這可能是你最該遵守的一條，因為這關乎股利的穩定性。如果你的殖利率或股利成長偏離標準，而且結果不如預期，頂多只是獲利比預期少一些。

但如果股利被削減，你的股票很可能會下跌，甚至可能會大跌。你可能不想再投資它，並且可能會認賠賣出。

在整個策略中，股利的可靠性是最重要的因素。如果你依

靠股利取得收入，你可能無法承受股利被削減的影響。

股利被削減可能會讓財富累積計畫受到一些拖延，雖然不像對需要股利來支付生活開銷的投資人那樣具有破壞性，但仍然會對實現目標構成阻礙。

當然，如果你發現一支配息率為50%的股票，你就有足夠的容錯空間。即使業務慘淡而且收益下降，也應該有足夠的現金來繼續支付股利。

萬一發生這種情況，請密切注意配息率。管理階層可能不願意削減股利，特別是如果該公司有長期的增加股利紀錄。但如果收益呈下降趨勢而配息率上升，管理階層可能會被迫減少對股東發放的股利。而如果配息率開始上升，則可能暗示即將削減股利或停止發放股利。

最終，你會想投資一家銷售額、收益，尤其是現金流量持續成長的公司。在合理的配息率下，管理階層有足夠的空間繼續增加股利。

如果公司一兩年業績不佳，尤其是配息率夠低但不會危及股利時，不要太沮喪。但如果一家公司的銷售額、收益或現金流量年復一年出現負成長，你可能就需要開始另尋投資標的。即使配息率較低且股利持續成長，它也不會是最健全的公司。

在理想情況中，我想看到銷售額、收益和現金流量成長10%以上，但這並非總是很容易找到，特別是股利成長歷史悠久的成熟穩定企業。因此，請務必密切關注公司的狀況，並確保公司在所處領域至少有一些成長。

藉著追蹤配息率並注意配息率的警戒線（不能高於75%），特別是如果它迅速上升，你應該能夠在麻煩開始出現之前趕緊撤出。

我們來檢視一家削減股利的公司案例，看看是否有任何警訊存在。

表 8.1 和圖 8.1 顯示渥肯建材公司（Vulcan Materials Company，NYSE：VMC）支付的股利，該公司將 2009 年第三季的季度股利砍半，從每股 0.49 美元降至 0.25 美元。我已經包括了以淨收入、營運現金流量和自由現金流量為基礎的配息率。

請記住，自由現金流量是營運現金流量減去資本支出。在現金流量表上，將資本支出視為經營成本是言之成理的，因為這筆資金是公司為了經營或擴展業務而投入的現金。

表 8.1　渥肯建材公司的配息率（單位：百萬美元）

	2004	2005	2006	2007	2008	2009	2010
股利	$106	$118	$144	$181	$215	$171	$128
淨利	287	389	468	451	(4)	30	96
配息率	37%	30%	31%	40%	NM	570%	133%
營運現金流量	$581	$473	$579	$708	$435	$453	$203
配息率	18%	25%	25%	26%	50%	38%	63%
自由現金流量	$377	$258	$144	$225	$82	$343	$116
配息率	28%	46%	100%	80%	262%	50%	110%

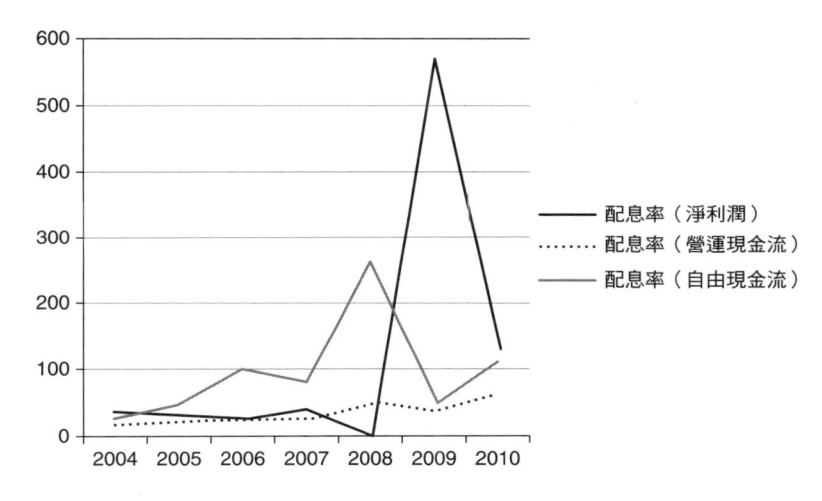

图 8.1　渥肯建材公司的股利

資料來源：圖表：馬克・利希滕菲爾德；資料：晨星（Morningstar）。

我們可以預見股利被削減嗎？

你可以看到，在 2008 年之前，配息率——根據淨利和營運現金流量計算，都處於非常安全的區域。在 2008 年之後，由於公司出現淨虧損，根據收益計算的配息率已沒有意義（圖表上降為零）。根據營運現金流量，配息率仍為 50%，這通常會相當穩定。但配息率突然倍增，而不是呈穩定上升趨勢，應該已經敲響某些警鐘。

自由現金流量甚至更早發出警告，2006 年配息率達到自由現金流量的 100%，這應該已經讓投資人警覺。2007 年時，配息率降到 80%，可能已將情況從紅色警報轉變為黃色警報，但股東仍應密切觀察。然後到 2008 年，股利超過自由現金流

量。那時投資人應該非常仔細思考，渥肯的股票是否仍然應該保留在投資組合之中。

當然，2008 年金融危機爆發，對每個人來說都是災厄之年，但配息率的驟升，是顯示股利處於危殆的一個警訊。

請注意，直到 2009 年下半年，股利才被削減。當情況變糟時，管理階層通常是被動因應，而非主動處理，即使預期收益數據不佳，也會努力避免削減股利。公司通常會等到最後一刻才處理，以避免進一步激怒可能已經因利潤和股票表現疲軟而感到不滿的股東。

通常警訊會在降息前幾季出現，讓警覺的投資人有時間改變自己的投資組合。

渥肯 2011 年第四季股利從 0.25 美元削減至 0.01 美元。這並不讓人意外，鑑於⋯⋯

基於淨利的配息率不太有意義──該公司在前八季只有一季有獲利。

基於營運現金流量的配息率為 65%，比 2010 年的高峰略為上升。

基於自由現金流量的配息率為 135%，比 2010 年的高峰上升 25 個百分點。

對配息率的分析應該會讓任何股利投資人遠離該股票，無論其殖利率如何（股利削減前的殖利率為 3.2%）。

有時候，公司會在季度報告、年度報告或法說會中，陳述配息率政策。配息率目標通常是奠基於收益或自由現金流量。

這值得密切關注。如果一家公司的收益或自由現金流量沒有成長，股利成長可能會遇到問題，或者配息率可能會高於管理階層最初的預期。可以聆聽或閱讀公司法說會的逐字稿，看看執行長或財務長是否提到配息率政策的變動，這樣你就可以評估管理階層是否正在為企業做正確的事情，或者你是否需要在狀況看起來仍然良好時退場。

另一方面，如果收益和自由現金流量正在成長，而且公司有明確的配息率政策，那麼股利應該會隨之成長。如果沒有如預期成長，請再次注意策略是否有任何變更。

例如，戴文能源公司（Devon Energy，NYSE：DVN）採用變動股利政策，將公司自由現金流量的50%用於支付股利。還有很多其他公司也採取類似的做法，將一定比例的自由現金流量用於支付股利。

如果我是股東，我會關注自由現金流量數字──但不會太過密切關注。請記住，我們不想過度頻繁交易，對每季的每個變化都採取行動。我們是長期投資人，所以會讓一些狀況自行修正，並隨著時間趨於平緩。但如果你發現一年後的配息率過高，並且在一兩年後還沒有降到負擔得起的水準，那可能是尋找另一項投資標的的時候了。

另一方面，如果自由現金流量強勁成長，而且配息率低於50%，你可能會預期股利將大幅提高。

如果管理階層提到配息率目標，請注意並長期追蹤。

■ 殖利率：4.7%或更高

你可能是在 2040 年讀這本書，你父母或祖父母堅持要你讀，因為此書對他們的財務狀況產生重大影響。

這就是為何你父母能夠送你去那所高檔學校，為何你住在車庫裡有兩個噴氣背包的豪宅裡，或者為何媽媽能在退休後每年都參加郵輪旅行。

我可以預見未來，並相信透過遵循本書中的想法，這些事情真的可以實現。

但我看不到未來利率會怎樣。到 2040 年，你的儲蓄帳戶可能會有 17%的利率，抵押貸款利率可能是 22%。我無法確定。

在目前的低利率環境下，一家穩健公司 4.7%的殖利率已算是相當穩定。如果需要的話，你可以把標準降到 4%，特別是因為熱切尋求殖利率的投資人一直在買進配息型股票，這會導致殖利率下降。

但即使是像 0.7 個百分點這樣看似微小的差異，也可能對你的投資組合產生重大影響。

比方說，如果你擁有一支殖利率為 4.7%的股票，每年股利增加 10%，那麼 10 年後你的殖利率將會是 11.1%。採用相同的成長情境，但是從 4%的殖利率開始，10 年後的殖利率將達到 9.4%。以 1 萬美元的初始投資來說，你在 10 年內將透過 4.7%的殖利率，獲得比 4%的殖利率多 1,100 美元的股利。

如果你將股利再投資，10 年後，你在殖利率為 4.7% 的股票上的投資，將價值 20,993 美元（假設股價不變），而殖利率為 4% 的股票則價值 18,815 美元。

因此，你可以看到，即使是殖利率為 4% 的股票，從長遠來看成果也不錯。你的原始投資最終仍將獲得 9.4% 的殖利率，而且如果將股利再投資，投資將成長 88%（再次假設股價不變）。但經過一段時間，這 0.7 個百分點的差異確實會累積變大。

請記住，4.7% 並非不容更改的規定，但它高於 1914 年以來美國歷史平均年通膨率 3.2% 因此，4.7% 的起始殖利率，應該足以作為超過平均通膨率的緩衝，以確保你長期而言不會失去購買力。然後，藉著高於平均通膨率的起點，只要股利持續成長，你應該能夠長期領先通膨。

當然，可能會碰到一些異常的年份，就像 2022 年的情況，以及 1970 年代末期通膨飆升至兩位數時那樣。如果你持有的配息型股票具有較高的起始殖利率和強勁的年度股利成長，那麼即使面對異常的通膨率，你也很有可能保持領先。任何讀過本書第一版並採納這些策略的人，都可能享受到兩位數的殖利率，甚至領先現今的高通膨率。

一支殖利率為 4%、每年成長 10% 的股票，11 年後殖利率將達到兩位數，18 年後殖利率將達到 20%。如果股票平均略漲，那麼 10 年內平均年報酬率將達到 10% 至 15% 的兩位數，15 和 20 年後將明顯更高。因此，如果投資時間範圍夠長，即

使在高通膨環境下，你也可能無須擔心。10 年後，如果你的殖利率達到 11%，並且以兩位數的速度成長，即使通膨率達到歷史最高水準 8% 或 9%，你也無須擔心。我並不是說遇到這種情況有多好，但至少你的購買力不會被削弱。

如果通膨維持在歷史正常水準左右，想像一下要是未來殖利率達到 11% 至 20%，你會有多開心。

根據經驗法則，盡量尋找殖利率至少為 4% 的股票，雖然目標是 4.7%。如果找不到這樣的股票，或者發現一支你喜歡但殖利率太低的股票，你可以等它下跌，同時繼續尋找其他股票。或者，如果你不介意賣出賣權，那就可以等待股票跌到你想買進的價格時，再賣出賣權並獲得收益。我會在第 10 章討論選擇權。

■ 股利成長：10% 或更高

能夠維持 10% 或更高股利成長的公司並不多。事實上，在過去 10 年或更長時間內，每年提高股利的 510 家公司中，不到一半（即 227 家）在這 10 年期間，平均每年提高股利 10%。

顯然，你想要股利成長愈多愈好。但只要股利安全穩定，不妨犧牲一點成長，來換取更高的起始殖利率，但是購買殖利率為 13% 但無法持續的股票，就不可行了。

不過如果你一開始的殖利率較高，你可以放棄幾個百分點

的年成長率。當然,沒有人能保證未來的成長情況;我們只能繼續研究一家公司過去的表現,以及它就股利政策所做的任何聲明。

例如,在財報或股利公告中,公司可能會聲明,在可預見的未來仍致力於實現 9% 至 10% 的股利成長。同樣地,這沒有辦法掛保證,但這應該為你的預測提供一個良好的參照標準。

如果你在公司的新聞稿或公司網站上的公司簡報中,找不到任何既定的股利政策,請致電其投資人關係部門,並詢問是否有相關政策。

接著來看看,如果提高起始殖利率但降低成長預測,在三種情境下會發生什麼狀況。我們假設,在每支股票上投資 1 萬美元,股價從未變動(表 8.2)。

將時間範圍延長至 15 年或 20 年,成長率較高的股票在殖利率上,超過起始殖利率較高但成長率較低的股票(表 8.3)。

表 8.2　成長很重要,但良好的起始殖利率也很重要

殖利率	股利成長率	殖利率第 5 年	殖利率第 10 年	含再投資股利價值第 5 年	含再投資股利價值第 10 年
4%	10%	5.9%	9.4%	$12,746	$18,815
4.5%	9%	6.4%	9.8%	$13,066	$19,690
5%	8%	6.8%	10%	$13,379	$20,493

表 8.3　在後續期間，股利成長比起始殖利率重要

殖利率	股利成長率	殖利率第 15 年	殖利率第 20 年	含再投資股利價值第 15 年	含再投資股利價值第 20 年
4%	10%	15.2%	24.5%	$35,096	$94,880
4.5%	9%	15.0%	23.1%	$36,878	$96,058
5%	8%	14.7%	21.8%	$38,224	$94,891

另外值得注意的是，將股利再投資 20 年的話，起始殖利率為 4%且股利成長率為 10%的股票，最後的結果與起始殖利率為 5%且股利成長率僅 8%的股票大致相同。

因此，在這種情況下，較高的股利成長彌補了較低的起始殖利率。如果你不將股利再投資，只是單純觀察殖利率隨著成長率複利後的變化，就會發現這個情況很明顯。

當然，沒有股票是固定不變的，所以股價的波動會影響股利再投資後的價值。

但這些表讓你看到，雖然股利成長對於跟上通膨非常重要，並且可以推動複利效應，但你也需要一個還不錯的起始殖利率來推動這個過程。

雖然要尋求 10%的成長率，但若無法準確找到你要尋找的標的，請不要擔心。由於成長率會隨著管理團隊的決策而變動，未來的具體情況並非完全可預測，但起始殖利率是確定的，能顯示股利是否安全的過往配息率也是確定的。

你需要有股利成長，才能夠讓這個過程運作，但要多加關注殖利率和配息率。

另外也有幫助的是，持有一家不斷擴充收益和現金流量的公司。正如你從配息率部分看到的，公司為了在不陷入危險境地之下繼續提高股利，需要增加可用來支付股利的資金池。

　　即使配息率較低，若是收益和現金流量停滯，公司也很難證明年復一年提高股利的合理性。你不需要找成長超快的公司，即使是個位數的成長，通常也足以確保擁有足夠的現金來大幅提高股利。

▋產生 12%報酬的計算數字

　　在接下來的表格中，我列出實現 10-11-12 目標所需的起始殖利率，這些起始殖利率是根據各種股利成長和股價上漲假設所計算出來。

　　表 8.4 和後面表格的前兩行，顯示了殖利率和沒有將股利再投資的股利收入金額。接下來的兩行，顯示原始投資的殖利率和將股利再投資的年收入。最後兩行顯示複合年成長率和總投資價值，因此你可以看到，我們是否達成 12%的目標。

　　表 8.4 和其餘各表的下方，列出了我們所做的假設。在這個表中，我們的平均市場表現為 7.86%，股利年成長率為 10%，起始投資為 1 萬美元，起始殖利率為 4.7%。

　　你可以看到，10 年裡，在沒有將股利再投資的情況下，我們達成 11%的殖利率，並且在將股利再投資的情況下，達成 13%的平均年報酬率。另外請注意，將股利再投資時，原始投資的殖利率為 18%，而不是 11%。

表 8.4　股利成長率為 10%的一般市場

	5 年	10 年	15 年	20 年
殖利率（股利未再投資）	6.9%	11.1%	17.8%	28.7%
年收益	$688	$1,108	$1,784	$2,874
原始投資殖利率（股利再投資）	8.6%	18.1%	38.8%	86.0%
年收益（股利再投資）	$863	$1,806	$3,884	$8,599
複合年成長率	13.1%	13.4%	13.7%	14.0%
總投資價值	$18,533	$35,196	$68,670	$138,019

假設：
股利成長率為 10% 的一般市場。
起始投資金額：10,000 美元。
年度股價上漲：7.86%（歷史平均）。
年度股利成長率：10%。
必需的起始殖利率：4.7%。

這些假設是基本公式。假設在未來 10 年裡，市場的漲幅將與其歷史平均水準相同。接下來，找到一支股利成長率為 10%（很可能會保持該成長率）且初始殖利率為 4.7%的股票。

請注意，這個基本公式用於確保，那些收取股利（而不是將股利再投資）的人將在 10 年內實現殖利率 11%的目標。對於將股利再投資的人來說，目標是 10 年內平均年報酬率為 12%。你可以看到，基本公式的報酬率超過 13%，因此即使降低起始殖利率和成長率，仍然能獲得 12%的平均年報酬率。

表 8.5 顯示起始殖利率為 4%、年股利成長率為 8%時的報酬率。

表 8.6 中，我們模擬了一個成長速度比平常慢的市場。即使你對市場較為悲觀，這個假設仍然算是安全，因為在過去四

分之三個世紀中，市場有七十七次上漲，只有八次下跌。如果在未來 10 年的某個階段遭遇熊市，我們很可能仍會在 10 年期間結束時看到整體市場上漲。對大多數投資人來說，每年股市報酬率如果只有 5%，會相當令人失望。

請注意，在這種情況下，你需要更高的起始殖利率來彌補疲軟的市場。為了實現我們的目標，你必須從 5.3% 的殖利率開始，並達到 10% 的股利成長率。

如果這樣做，10 年後將獲得 12.5% 的殖利率，如果將股利再投資，就會獲得 23.4% 的殖利率。這是因為你在比第一種情況更低的股價之下，將股利再投資，購買更多每股股利更高的股票。隨著複利發揮效應，久而久之，它會帶來更大的報酬。

表 8.5　較低的初始殖利率和股利成長率，仍能產生 12% 的報酬

	5 年	10 年	15 年	20 年
殖利率（股利未再投資）	5.4%	8.0%	11.7%	17.3%
年收益	$544	$800	$1,174	$1,726
原始投資殖利率（股利再投資）	6.6%	11.7%	21.0%	37.7%
年收益（股利再投資）	$656	$1,174	$2,103	$3,772
複合年成長率	12.2%	12.2%	12.2%	12.2%
總投資價值	$17,757	$31,572	$56,208	$100,195

假設：
股利成長率為 8% 的一般市場。
起始投資金額：10,000 美元。
年度股價上漲：7.86%（歷史平均值）。
年度股利成長率：8%。
必需的起始殖利率：4%。

表 8.6　股利成長率為 10%的疲軟市場

	5 年	10 年	15 年	20 年
殖利率（股利未再投資）	7.8%	12.5%	20.1%	32.4%
年收益	$776	$1,249	$2,012	$3,241
原始投資殖利率（股利再投資）	10.2%	23.4%	59.0%	167.1%
年收益（股利再投資）	$1,017	$2,340	$5,900	$16,707
複合年成長率	11.2%	12.0%	13.0%	14.1%
總投資價值	$16,987	$31,080	$62,421	$140,933

假設：
股利成長率為 10%的疲軟市場。
起始投資金額：10,000 美元。
年度股價上漲：5%（低於歷史平均值）。
年度股利成長率：10%。
必需的起始殖利率：5.3%。

10 年後，以百分比和總金額計算的報酬會比第一種情況略低，但 20 年後，你買的所有便宜股票加起來會產生 14%的報酬。

在表 8.7 中，我們是以本世紀初的情況來做規劃，也就是所謂「失落的十年」（the lost decade）。從 2002 年到 2011 年，標普 500 指數的報酬率，幾乎是微不足道，平均每年不到 1%。

如果你在 2001 年 12 月 31 日投資，往後 10 年都沒有管它，你就不會知道這段期間市場起伏有多劇烈，你只會看到你的投資組合幾乎沒有改變。

對於這個例子，我們假設市場表現較差，10 年內毫無投資

表 8.7　股利成長率為 10%的無趨勢市場

	5 年	10 年	15 年	20 年
殖利率（股利未再投資）	10.5%	17%	27.3%	44%
年收益	$1,054	$1,697	$2,734	$4,403
原始投資殖利率（股利再投資）	15.3%	47.4%	217.7%	1,853%
年收益（股利再投資）	$1,526	$4,742	$21,796	$185,309
複合年成長率	9.08%	11.97%	16.09%	22.1%
總投資價值	$15,445	$30,962	$93,791	$542,675

假設：
股利成長率為 10%的無趨勢市場。
起始投資金額：10,000 美元。
年度股價上漲：0%。
年度股利成長率：10%。
必需的起始殖利率：7.2%。

報酬。投資於標普 500 指數的 1 萬美元，10 年後價值仍是 1 萬美元。

但請注意，即使市場表現平淡，也有可能獲得豐厚的報酬。你必須找到一支殖利率為 7.2%的股票才能達到我們的數字目標，但這是可以做到的。

如果你投資一支更容易找到、殖利率為 4.7%，並且每年股利成長 10%的股票，那麼即使市場持平，10 年後你仍然可以獲得 11%的殖利率，如果你將股利再投資，殖利率會接近 22%。你的平均年報酬率為 7.7%，這將使你的資金增加一倍以上。

我認為沒有人會對此有怨言。你會對 2002 年至 2011 年間

你的投資組合年報酬率達到 7.7％發出抱怨嗎？可能不會。如果市場整體報酬為零，但你獲得 7.7％的報酬，你可能會為自己的好運而感到興奮。

在表 8.8 中，我選擇負 1.2％的平均年報酬率，因為這是 10 年期間報酬為負數的平均值。當然，我們日後可能會經歷更嚴重的跌勢，但考慮到負報酬發生的次數很少，我相信這個平均值是一個安全的假設。

看看當你將股利再投資時，尤其是 10 年後，這個數字會有多高。那是複利效應真正開始獲得動力的時候。

表 8.8　股利成長率為 10％的熊市

	5 年	10 年	15 年	20 年
殖利率（股利未再投資）	11.0%	17.7%	28.5%	45.9%
年收益	$1,098	$1,768	$2,848	$4,586
原始投資殖利率（股利再投資）	16.3%	55.1%	311.2%	4,099.7%
年收益（股利再投資）	$1,630	$5,514	$31,122	$409,969
複合年成長率	8.45%	12.03%	17.42%	25.72%
總投資價值	$15,003	$31,142	$111,273	$973,662

假設：
股利成長率為 10％的熊市。
起始投資金額：10,000 美元。
年度股價上漲：-1.2%（10 年負滾動報酬率的歷史平均值）。
年度股利成長率：10%。
必需的起始殖利率：7.5%。

股價下跌，使你能夠以較低的價格購買更多的股票。這些低價股票仍然能產生可觀的收益，而這些收益又被重新投入更

多低價股票。結果，你累積了大量的股票，即使股價較低，這些股票仍然價值可觀。

想像一下，如果我們遭遇熊市，20 年來市場的平均報酬率為負數（順便說一句，這種情況從未發生過），而你將 1 萬美元的原始投資變成近 100 萬美元。這樣說你會欣喜若狂，還算是輕描淡寫了。

如果遇到在 20 年內每年帶來負報酬的持續性熊市，那麼即使對最佳永久股利成長股來說，繼續以每年 10% 的速度提高股利也可能有困難。但請記住，在 2008 年和 2009 年的大衰退期間，許多公司仍以兩位數的速度提高股利。

我毫不懷疑，在市場下一次的長期大幅下跌期間，許多公司將找到提高股利的方法，即使只是象徵性地提高幾個百分點，以保持連續增息的紀錄。2022 年，金百利克拉克連續第 50 年提高股利，這 50 年包括 2008 年和 2009 年的大衰退。

在 2008 年和 2009 年金融危機爆發之前，金百利每年提高股利 9% 到 10% 左右，包括 2008 年的 9.4%。但在 2009 年，該公司踩剎車，只將股利上調 3.4%。但是到 2010 年，它又將增幅恢復到 10%。

只要股利持續成長，你仍然會獲得更多股票，這將顯著增加你的持股價值，更遑論你若決定停止將股利再投資時，你累積的股利收入。

為了說明複利的威力（即使處於熊市中），我們來看看根據第一個例子，10 年和 20 年後你將擁有多少持股，在這個例

子中，初始投資為 1,000 股，起始殖利率為 4.7%，股利每年成長 10%（表 8.9）。

我確信你會立即注意到，股票表現愈差，你持有的股份數量愈多。持續的熊市比牛市更能讓人變得富有，真是讓人驚訝。

在最初的 5 到 10 年裡，情況並非如此，牛市勝出。但隨著複利擴大，你每季購買數百甚至數千股，而且即使股價較低，所有這些股票合計起來也能讓你變得富有。

表 8.9　再投資的 1,000 股成長為……

股票表現	10 年	20 年
10%	1,578	2,492
7.86%	1,652	3,045
5%	1,774	4,404
0%	2,099	13,922
-1.2%	2,209	21,443

另一件需要考慮的事情是：如果我們不幸經歷 20 年的熊市，或者在 20 年間至少經歷平均年報酬率為負數的市場，那麼通膨很可能會非常低。

那將使你的報酬更有價值。在那種經濟情況中，如果你把 1 萬美元變成幾十萬美元，你可能不會因為通膨而損失太多，甚至可能完全不會虧損。而且我保證，如果你在 20 年的熊市期間將 1 萬美元變成幾十萬美元，你將比 99% 的人表現更好。

從 1929 年到 1941 年，物價平均每年下降 1%，其中包括 1941 年 5% 的通膨率，當時戰爭相關生產正開始運作。

因此，如果我們經歷了通縮，亦即物價下跌的情況，那麼以實際購買力計算，你獲得的股利收入實際上會更值錢。

接著，我們來看看市場繁榮時的情況。有趣的是，在表 8.10 中，你會注意到，當你將股利再投資時，平均年報酬率保持不變。那是因為兩個變數的成長率是相同的。

你將股利再投資時會發現，在這個牛市中，10 年後你的 1 萬美元將增為四倍，達到 4 萬美元。20 年後，你的每年股利等於你原始投資的 70%。

10% 的股利成長率是目標，但我們可能未必能夠實現。我們來看看一些股利成長率為 5% 的類似情境，以便讓你了解，在較低成長率之下可以預期什麼樣的報酬。

表 8.10　股利成長率為 10% 的牛市

	5 年	10 年	15 年	20 年
殖利率（股利未再投資）	6.9%	11%	17.8%	28.7%
年收益	$688	$1,108	$1,784	$2,874
原始投資殖利率（股利再投資）	8.4%	17.0%	34.4%	69.7%
年收益（股利再投資）	$840	$1,701	$3,442	$6,967
平均年報酬率	15.14%	15.14%	15.14%	15.14%
總投資價值	$20,236	$40,951	$82,870	$167,700

假設：
股利成長率為 10% 的牛市。
起始投資金額：10,000 美元。
年度股價上漲：10%（高於歷史平均值）。
年度股利成長率：10%。
必需的起始殖利率：4.7%。

表 8.11 股利成長率為 5%的一般市場

	5 年	10 年	15 年	20 年
殖利率（股利未再投資）	5.7%	7.3%	9.3%	11.9%
年收益	$571	$729	$930	$1,187
原始投資殖利率（股利再投資）	7.0%	10.9%	16.4%	24.3%
年收益（股利再投資）	$703	$1,087	$16,41	$2,425
平均年報酬率	12.7%	12.4%	12.1%	11.8%
總投資價值	$18,147	$32,047	$55,261	$93,324

假設：
股利成長率為 5%的一般市場。
起始投資金額：10,000 美元。
年度股價上漲：7.86%（歷史平均值）。
年度股利成長率：5%。
必需的起始殖利率：4.7%。

　　表 8.11 中首先引人注目的是，平均年報酬率實際上在下降（而非投資價值）。你的錢還在增加，但年報酬率正在放緩。這是因為股利成長率低於股價上漲速度。你收到的股利增加的速度，並沒有跟上股價上漲的速度。

　　例如，在第五年第四季，你用再投資的股利，以每股 14.60 美元的價格買進 12 股（初始購買價格為 10 美元）。5 年後，在第十年最後一季，你以 21.31 美元的價格買進 12.7 股。你在第十年買進的股數比第五年多 6%，但支付的金額增加 46%。

　　換個角度想一下。股利成長率相當於你收益的成長率，股票上漲則相當於通膨率。你每年加薪 5%，但生活成本（買進

更多股票）卻增加 7.86%，所以你的收益雖然在增加，但跟不上你想買的東西（股票）的價格。這並不是一件壞事，因為你仍在以股利的複利效果來增加財富。20 年總報酬率為 11.8%，將 1 萬美元變成逾 93,000 美元，這沒什麼不好。

透過比較表 8.12、8.13、8.14 和 8.15（顯示 5% 的股利成長率和顯示 10% 成長率的表），你可以看到股利成長率確實會產生影響，但影響不大。

表 8.12　股利成長率為 5% 的疲軟市場

	5 年	10 年	15 年	20 年
殖利率（股利未再投資）	6.4%	8.2%	10.5%	13.4%
年收益	$644	$822	$1,049	$1,339
原始投資殖利率（股利再投資）	8.1%	13.4%	22.2%	36.7%
年收益（股利再投資）	$809	$1,339	$2,218	$3,671
平均年報酬率	10.6%	10.6%	10.6%	10.6%
總投資價值	$16,554	$27,406	$45,371	$75,111

假設：
股利成長率為 5% 的疲軟市場。
起始投資金額：10,000 美元。
年度股價上漲：5%（低於歷史平均值）。
年度股利成長率：5%。
必需的起始殖利率：5.3%。

表 8.13　股利成長率為 5% 的無趨勢市場

	5 年	10 年	15 年	20 年
殖利率（股利未再投資）	8.8%	11.1%	14.3%	18.2%
年收益	$875	$1,116	$1,425	$1,819
原始投資殖利率（股利再投資）	12.3%	25.5%	60.6%	169.8%
年收益（股利再投資）	$1,229	$2,553	$6,054	$16,978
平均年報酬率	8.2%	9.4%	10.8%	12.4%
總投資價值	$14,827	$24,481	$46,322	$104,167

假設：
股利成長率為 5% 的疲軟市場。
起始投資金額：10,000 美元。
年度股價上漲：0%。
年度股利成長率：5%。
必需的起始殖利率：7.2%。

表 8.14　股利成長率為 5% 的熊市

	5 年	10 年	15 年	20 年
殖利率（股利未再投資）	9.1%	11.6%	14.8%	19%
年收益	$911	$1,163	$1,484	$1,895
原始投資殖利率（股利再投資）	13.1%	29.0%	7769%	268.8%
年收益（股利再投資）	$1,310	$2,896	$7,758	$26,878
平均年報酬率	7.5%	9.1%	111%	13.6%
總投資價值	$14,355	$23,892	$48,512	$128,567

假設：
股利成長率為 5% 的熊市。
起始投資金額：10,000 美元。
年度股價上漲：-1.2%（10 年負滾動報酬率的歷史平均值）。。
年度股利成長率：5%。
必需的起始殖利率：7.5%。

表 8.15　股利成長率為 5% 的牛市

	5 年	10 年	15 年	20 年
殖利率（股利未再投資）	5.7%	7.3%	9.3%	11.9%
年收益	$571	$729	$930	$1,187
原始投資殖利率（股利再投資）	6.9%	10.4%	15.2%	21.6%
年收益（股利再投資）	$688	$1,040	$1,520	$2,159
平均年報酬率	14.7%	14.2%	13.8%	13.4%
總投資價值	$19,840	$37,705	$69,242	$123,749

假設：
股利成長率為 5% 的牛市。
起始投資金額：10,000 美元。
年度股價上漲：10%（高於歷史平均值）。
年度股利成長率：5%。
必需的起始殖利率：4.7%。

同樣地，即使股利成長放緩，在市場為負報酬的情況下，1 萬美元在 20 年內仍然成長逾十一倍。

例如，在殖利率為 4.7%、股價上漲 7.86% 的一般市場情境中，經過 10 年的股利再投資，最初投資的 1 萬美元若是股利成長 10%，會增值到 35,196 美元，而股利年成長 5%，則會增值到 32,047 美元，總報酬率分別為 13.4% 和 12.4%。

久而久之，由於複利效應，這種差異變得更顯著。在理想的情況中，你想要有很高的起始殖利率和很高的股利成長。由於這未必可以實現，請嘗試兼顧兩者，但同時確保原始殖利率夠高，以便在複利效應確實發揮作用時，會有夠高且具有意義的基礎來幫助你達成目標。

關於5%股利成長的情境，還有一點要注意：你需要7.1%的起始殖利率，才能夠在10年內達到11%的殖利率。為了在10年內獲得12%的總報酬（包括股利再投資），你需要看到股價每年平均上漲5%。

■ 何時賣出持股？

我很樂意為你提供一個明確的規則，告訴你在股票表現不如預期時何時該賣出持股，但正如我之前所說，我認為你不應該總是根據確切的標準進行買入或賣出。然而，在一種情況下，我確實認為立即賣出是有道理的。

與之前的情境一樣，我將為你提供一些指導原則。例如，假設你的資金以複利成長已有多年，將近或超過10年大關。也許現在你遇到緊急情況，需要一筆現金。如果可能的話，請從其他地方籌措資金，即使你必須借貸，也可能是值得的，這樣能避免中斷複利成長機制。

例如，你可以申請利率5%的房屋淨值貸款，甚至利率10%的信用卡貸款。如果你的配息型股票殖利率為11%，平均年報酬率為12%（報酬率會隨著時間增加），那麼可能比較值得的做法是借款，而非動用這些配息型股票。只要這些股票的殖利率（稅後）高於借入資金的成本，讓複利繼續發揮作用可能會比較好。

你已經付出努力，並且為了獲得報酬而等待多年，請確保

你能夠取得成果。

每年至少檢視一次你的股票,看看是否出現以下任何一種情況:

- 配息率增加
- 現金流量、收益或銷售額下降
- 股利政策變化

本章前面的渥肯建材公司案例顯示,密切關注配息率如何向你透露股利問題。

如果一家公司的配息率驟升,請調查原因。同樣地,公司銷售額、現金流量或收益下降,也應該查明原因。你希望清楚了解數字下降的原因,而且重要的是,這如何影響配息率。如果配息率夠低,現金流量的下降可能不會危及公司提高股利的能力。但如果公司的財務表現可能會危及股利的成長,你會想在事情發生之前就察覺。

如果你看到配息率迅速上升,或者銷售額、現金流量或收益下降,這並不意味著你必須立即賣股票。但在那時,我會開始每季而非每年查看公司的業績一次,看看情況是否已解決和改正。

如果發現問題仍然存在,我不會等太久才賣出。到那時,可以把資金轉移到另一支擁有更優質指標的配息型股票。

股利政策的變動可能會比較嚴重一些。如果公司削減股

利，那就要賣出股票。

　　一家以往有提高股利紀錄的公司突然削減股利，就等於是發出強烈的訊息。管理階層顯然對公司的未來和增加股利的能力缺乏信心。此外，你持有這支股票的整體理由，亦即產生不斷增加的收益，已不復存在。

　　如果一家公司維持既有股利，而非提高股利，事情就沒那麼明朗了，每種情況都有點不同。連續 40 年提高股利之後停止增加股利，比連續 7 年提高股利之後停止增加股利更值得你注意。

　　如果你已享有複利一段時間，並且有很高的殖利率，那就不一定需要立即賣出持股。要確定公司是否能讓營運再次朝著正確的方向發展。有些公司往往會間歇性地增加股利，例如連續 5 年提高股利，然後連續 3 年維持不變，接著再連續 4 年提高股利，以此類推。

　　查看公司法說會的紀錄，看看管理階層是否解釋為何未提高股利。如果沒有解釋，請致電投資人關係部門，看對方如何說明。你是公司股東，完全有權詢問發生了什麼事。

　　如果你目前享有 11% 的殖利率，而公司沒有提高股利，但配息率合理，而且公司的銷售額、利潤和現金流量仍在成長，那可能就沒有理由恐慌。

　　換句話說，要仔細看看正在發生的事情，並運用你的判斷力。利用現在擁有的工具，評估一家公司是否足夠健全，能夠繼續為你提供期望的收益和報酬。如果公司即使沒有提高股

利,也仍然能產生這些報酬,並且殖利率令人滿意,那就請保留該股票。但如果你擔心股利不穩定並且可能會被削減,最好賣出持股並尋找其他機會。

最後,如果你多年來一直在努力累積股利或將股利再投資,但在未來 3 年內需要現金,那麼你可以賣掉持股。事實上,你確實應該這樣做。在像 3 年這樣短的時期內,市場上任何事情都可能發生。即使你獲得可觀的股利,如果你需要那筆資金來支付學費、購屋頭期款或其他生活費用,也不希望看到糟糕的熊市使你的持股價值縮水 40%。

到這個階段,你已經完成最困難的部分,接著該獎勵自己了,透過保護你的資金並將它撤出市場,可以確保在需要時可以用到這筆錢。

本章摘要

- 你可以在 10 年內達到 11% 的殖利率,和 10 年平均總報酬率 12%。
- 要做到這一點,你需要 4.7% 的起始殖利率和 10% 的股利成長,並假設市場表現與歷史趨勢一致。
- 嘗試投資殖利率至少為 4%、年度股利成長率為 10%、最高配息率為 75% 的股票。
- 根據營運現金流量或自由現金流量來計算配息率。
- 將股利再投資於下跌的股票,你可以賺大錢。

- 因為我是個好人，我在 www.getrichwithdividends.com 和 www.wealthyretirement.com 上提供免費計算機，幫助你根據你輸入的變數，計算出股票的未來殖利率和總報酬。

CHAPTER 9

股利再投資計畫
和直接購股計畫

如果你想長期累積財富,我希望你現在能學到將股利再投資的智慧。通常,最簡單的方法是透過券商。大多數券商不會對股利再投資收取佣金或手續費。如果有收費,就另找一家。確實沒有理由為如此小筆的交易支付費用或佣金。

當券商為你進行股利再投資時,你的所有投資組合資訊,都集中在一個方便管理的位置。

確保券商確實允許你將股利再投資於美國存託憑證（ADR）。幾年前,有些券商不允許這樣做,現在大多數都可以了。依我看,不允許將股利再投資於ADR是一個重大問題。均衡的投資組合將包括位於美國境外的公司,如果你想透過股利再投資來創造財富,那麼無法將股利再投資到股票就會造成交易破局。

有些券商對購買和／或持有ADR收取少量費用（通常是每股幾美分）,因此請確保你了解券商收取的費用。

我喜歡股利再投資計畫（DRIP）,因為很簡單,投資人不必多做考慮。投資人只要對某支股票感到滿意,設定完成就可以高枕無憂。

長期投資的成功來自於投資優質股票,然後擺著不動,讓股利年復一年以複利成長,才是累積財富的方法。當投資人需要做出更多決定時,通常會導致更糟糕的結果。

想想看你是否在2016年投資了雪佛龍（Chevron,NYSE：CVX）。

那年,油價跌至接近每桶30美元,雪佛龍股票交易價格

約 75 美元，股利殖利率接近 6%。由於油價低迷，華爾街認為雪佛龍是沒有成長前景的死錢（dead money）。

如果你聽取華爾街分析師的意見（你永遠不應該這樣做），你可能會把股利投入似乎有更佳前景的股票中。

雪佛龍在 2 年內幾乎漲了一倍，在 6 年內幾乎漲了兩倍。如果你必須考慮將股利投資於哪支股票，那麼你很可能不會選擇雪佛龍，因為每個人都對該股票持負面看法。那你就會錯過用將近 6% 殖利率累積大量股票的機會，也無法享受那些額外持股大幅升值的快感。

這正是另一個好例子，說明了為什麼我們不介意看到股票下跌或買進受重挫的股票。只要是優質公司的股票，有足夠的現金流量來支付和提高股利，從長遠來看，通常會有很好的報酬。短期內你可能得忍受一些痛苦和煩惱，但這能讓你以便宜的價格買進更多股票。

此外，如果再次遭遇崩盤，就像 2008 年和 2009 年初金融危機期間，以及 2020 年新冠肺炎疫情期間那樣的慘跌，有多少人有勇氣將股利重新投入市場？很多人會想：「現在股市正在大跌，等股價更低時我再投資。」唯一的問題是，我保證這些人不會判斷股價的最低點。他們會等到情況看來較好時再進場，但那時市場已經比低點高出很多。

透過自動將股利再投資，他們可以保證至少有一些資金在市場底部或接近底部時投入。毀掉許多投資人的恐懼和貪婪情緒，不會妨礙到他們。

但並非每個人都喜歡將股票放在券商帳戶中。有些人喜歡直接與所投資股票的公司打交道。如果公司提供直接股票購買計畫（DSPP），你也可以直接從該公司購買更多股票。

透過 DSPP，你可以將支票直接寄給該公司，該公司會將這些新購買的股票記入你的帳戶。如果你擁有 100 股每股 20 美元的股票，並向公司另外寄 200 美元，你的帳戶將顯示你持有 110 股（假設沒有衍生費用，但經常會有費用，我們稍後會介紹這部分）。

但這就是為什麼我不喜歡公司提供的 DRIP 和 DSPP：它們的費用和佣金通常高於券商收取的金額。

例如，讓我們來看看奧馳亞集團（Altria Group，NYSE：MO），這是符合 10-11-12 系統資格的公司。它的殖利率為 7.9%，過去 10 年平均股利成長率超過 8%。

圖 9.1 顯示你將股利再投資或直接從奧馳亞購買股票所需支付的費用清單。

我們來仔細釐清這些費用。設定計畫不會花任何費用。我撰寫本書第二版時，設定公司 DRIP 還需要花費 10 美元，現在已經有所進步。如果你想直接購買股票，則價格為 5 美元，另外加上每股 0.03 美元的費用。請記住，大多數券商不會向你收取購買股票的費用。

你可以看到，賣出任何股票都會花很多錢—— 25 美元加上每股 0.12 美元的手續費。這比你在折扣券商那裡支付的費用要高得多——同樣地，折扣券商通常不收手續費。該計畫唯一

有意義的地方是,如果你使用的是全方位服務券商,該券商向你收取的費用,會高於你為 DSPP 支付的費用。

但真正讓我火大的是,你將股利重新投資,會花高達 5% 或最多 3 美元的費用。

如果你收到 50 美元的股利,使用 DRIP,你只能再投資 47.50 美元,因為每次你將股利再投資時,奧馳亞都會向你收取 2.50 美元的費用。那本來是屬於你口袋裡的錢。如果你透過大多數券商將股利再投資,這筆錢將留在你的口袋裡。

初始設定費	$10.00
現金購買費	$5.00
持續自動投資費	$2.50
購買處理費(每股)	$0.03
股利再投資費	再投資金額的 5%,最高可達 $3.00
批量賣出費	$15.00
批量賣出處理費(每股)	$0.12
批量最高賣出費	不適用
市價單賣出費	$25.00
市價單處理費(每股)	$0.12
市價單最高賣出費	不適用

圖 9.1　將股利再投資或直接向奧馳亞購買股票的費用

資料來源:Computershare。

我們再看看另一家公司(圖 9.2)。高樂氏公司(The Clorox Company,NYSE:CLX)的直接購買費用與奧馳亞類

似,但你無須支付任何費用即可進行再投資(除了15美元的初始設定費)。

我認為沒有理由支付這些費用。如果直接投資或再投資比運用券商更方便,你就必須權衡利弊,並判斷花額外的費用換取這種額外的便利性是否值得。

但對股票投資組合來說,管理五個、十個或十五個不同帳戶,實際上遠比管理一個包含所有股票的券商帳戶麻煩得多,順帶一提,在券商帳戶中進行所有交易,支付的費用可能更少(或完全不用付費)。

唯一需要考慮的狀況是,當一家公司以折扣價提供股票時,可能值得你花時間考慮DRIP。

你沒聽錯。有些(但不是太多)公司允許你以低於目前市場價格的折扣價將股利再投資。那是免費獲得的收益。

例如,當你透過自來水公司Essential Utilities(NYSE:WTRG)將股利再投資時,該公司會提供5%的折扣。

當我撰寫本文時,該股的交易價格為53美元。如果你以該價格將股利再投資,你支付的價格是每股50.35美元,相當不錯,相當於你透過股利再投資,在整個帳戶存續期間內,每一股都有額外5%的優惠。

考慮到我們是以這檔股票每年僅7.86%的長期平均報酬率作為達成投資目標的基準,光是那部分已再投資的資金,其實就幾乎已經達到了目標(當然,用原始本金購買的股票,仍須每年達到7.86%的報酬率)。

初始設定費	$15.00
現金購買費	$5.00
持續自動投資費	$0.00
購買處理費（每股）	$0.03
股利再投資費	公司支付
批量賣出費	$15.00
批量賣出處理費（每股）	$0.12
批量最高賣出費	不適用
市價單賣出費	$25.00
市價單處理費（每股）	$0.12
市價單最高賣出費	不適用

圖 9.2　高樂氏的費用

資料來源：高樂氏公司。

　　你已經看到複利股利的威力。你知道你想盡可能以低價購買股票。這裡有一個只需 0.95 美元即可兌換 1 美元的方法，這種折扣將幫助你累積更多股票，從而產生更多股利，然後再獲得更多股票，以此類推。

　　能源供應公司 Fortis（NYSE：FTS）為股利再投資提供 2% 的折扣。

　　為股東提供折扣的公司並不多。如果你對某公司的 DRIP 感興趣，請務必造訪該公司網站上的投資人關係頁面，並仔細檢視所有費用、佣金、折扣等，以清楚了解使用 DRIP 的成本，並與將股票集中在券商那裡的費用進行比較。

如你所見，我認為要直接透過公司將股利再投資，唯一有意義的情況是可以獲得折扣優惠，再不然就是，你採用的全方位服務券商對每筆交易收取的費用，高於公司收取的費用。但即使是全方位服務的券商，也經常讓你能夠免費將股利再投資，因此請先考慮所有相關成本，再做出決定。

本章摘要

- DRIP 和 DSPP 會是將股利再投資和購買更多股票的便利方式，但透過券商進行通常更容易，特別是如果你持有不只一支股票。
- 並非所有券商的股利再投資選項都是相同的。
- 從券商那裡取得所有詳細資訊，以確保它符合你的需求。在大多數情況下，我推薦最方便和自動的方法，這樣你就不必做出會受到情緒影響的決定。
- DRIP 和 DSPP 通常會針對設定計畫、將股利再投資和股票買賣收取費用，採用折扣券商的費用則較低。
- 有些公司對於將股利再投資提供高達 5% 的折扣。在那些情況下，參與 DRIP 可能是值得的──但要確保其他費用不會抵銷折扣優惠。
- 設置 DRIP 要付 15 美元？你是在說笑吧？

CHAPTER 10

使用選擇權來加速報酬成長

對許多投資人來說，選擇權很可怕。這些投資人聽過其他人的一些慘痛經歷，例如在交易選擇權時蒙受損失，或是說選擇權很複雜，或是說它們不適合散戶。

有些選擇權策略確實很複雜，有些人在進行選擇權投機操作時確實賠錢。（但也有很多投資人透過選擇權賺錢）。大多數在選擇權交易中虧錢的人，都是因為買進選擇權。稍後我會說明如何成為選擇權賣方——賣方經常是交易中的勝者。

我將說明的策略很簡單，不會為你的本金帶來風險（只會有機會成本風險），並且每年可以將投資報酬提高兩位數的百分比。

首先讓我們回顧一下兩種選擇權的定義：賣權和買權。

> 賣權（put）：一種合約，對選擇權買方賦予的權利（而非義務）是，在指定日期以指定價格向選擇權賣方賣出股票。
>
> 買權（call）：一種合約，對選擇權買方賦予的權利（而非義務）是，在指定日期以指定價格從選擇權賣方那裡買進股票。

來看個例子。

假設現在是 7 月份，思科系統公司（Cisco Systems，Nasdaq：CSCO）的股價為 47 美元。一位投資人以 2 美元的價格買進 1 月份 50 美元的買權。這表示，這位投資人身為買權買方，有權利（但沒有義務）從現在到 1 月第三個週五之間的任何時間，以 50 美元的價格向買權賣方購買思科股票（選擇權

通常在該月第三個週五之後的週六到期。該月的第三個週五是可以交易選擇權的最後一天。有些股票有每週到期的選擇權,但大多數股票只有在該月第三個週六到期的每月選擇權)。這個 50 美元的價格稱為履約價(strike price)──亦即如果買方要求,賣方同意以此價格將股票賣出。

如果今天有人可以用 47 美元的價格購買思科股票,為什麼他們會願意簽訂一份合約,在未來以 50 美元的價格購買思科股票?因為他們認為,到 1 月時,該股票價格將高於 50 美元。也許他們認為,到那時,它的價格將會漲到 55 美元,現在只需花 2 美元,就能取得在現在到明年 1 月之間,以 50 美元買進該股票的權利。

如果到 1 月時,思科的股價高於 50 美元,買權買方可以用 50 美元的價格要求購買股票,或者可以賣出買權以獲取利潤。如果股票交易價格為 55 美元,他們應該能夠以至少 5 美元的價格出售買權,將每股 2 美元的投資變成 5 美元。

購買買權使他們能夠參與思科的上漲潛力,承擔的風險僅為每股 2 美元,而非 47 美元。但買權不像思科的股票,它有到期日。

如果股價沒有超過 50 美元,這個買權到期時將變得毫無價值,買權的賣方將保留那 2 美元作為獲利。

賣權的運作也是如此,只有賣權的買方才有權利(但沒有義務)以一定的價格賣出股票。如果投資人以 47 美元的價格持有思科股票,他們可以買進 45 美元的賣權以限制損失。

如果明天思科的技術被查到暗中竊取世界上所有個人電腦用戶的個資，政府勒令該公司關閉，公司股價跌至零，賣權的買方可以要求賣方以 45 美元的價格買下他們的持股。

為你的持股購買買權，就像購買保險一樣，你希望永遠不需要用到，但當你需要用到時，你會感到慶幸。但賣權並不適合所有的人。如果賣權的價格是你投資股票金額的 10%，而賣權將在 6 個月後到期，你就必須確定是否值得放棄這 10% 以降低風險。

如果你想了解所有關於選擇權和策略的知識，有很多關於該主題的書籍，包括我朋友李・羅威爾（Lee Lowell）所寫的《靠選擇權致富》（*Get Rich with Options*）。

■ 掩護性買權：收益型投資的濃縮咖啡

投資配息型股票就像為你的投資組合提供一杯濃濃的咖啡，它會替你的財務注入動力，並幫助你實現目標，就像一杯咖啡讓你在早晨充滿活力一樣。

有些人需要更多幫助，尤其是在下午或晚上（如果他們要外出），因此他們點的不是普通咖啡，而是濃縮咖啡。

一杯普通咖啡對我確實沒什麼作用，但一杯濃縮咖啡就像火箭燃料，讓我迫不及待要行動。

那就是掩護性買權對你投資組合的意義，它就像一杯濃縮咖啡，可以增加你的報酬。

> 掩護性買權（covered call）：當投資人擁有股票，並賣出那些股票所對應的買權時——即同意根據買權買方的要求，在指定日期之前以指定價格賣出股票。

投資人賣出掩護性買權時，已經擁有該買權所對應的股票，並同意若買權買方提出要求，便在特定日期之前以履約價（指定價格）將股票賣給買方。

因此，回到思科的例子，如果你以 47 美元的價格持有該股票，並以每股 2 美元的價格賣出 1 月份履約價 50 美元的買權，那麼當買方在 1 月第三個週五之前履行合約（要求購買）時，你必須以 50 美元的價格將股票賣給對方。

同樣假設現在是 7 月，那麼距離 1 月還有 6 個月。

讓我們來看看一些假設情況。

一、最佳的情況。 在到期日（1 月的第三個週五），思科股票交易價格高達 49.99 美元。該買權到期時毫無價值，而且你可以保留每股 2 美元的獲利。你已賺取兩次股利，每次 0.38 美元，總計 0.76 美元。自從你購買該股票以來，它也上漲 2.99 美元。6 個月內的總報酬率為 12.2％，相較之下，如果不賣出買權，你的總報酬率只有 8％。

二、最差的情況。 思科被查出多年來一直在做假帳。執行長和財務長入獄，股價跌至零。你至少從賣出買權的交易中得到 2 美元，你保留了從如今毫無價值的買權那裡得到的 2 美

元。這個買權毫無價值，是因為當股票價格低於 50 美元時，沒有人會強迫你以 50 美元的價格向他們賣股票。

這 2 美元幫助你避開部分的下跌風險。而且如果你是長期投資人，特別是如果你對股利或股利再投資感興趣，那麼股價下跌對你來說不太重要，只有當你準備賣出時才重要。與此同時，如果股價跌到 43 美元，你仍然能以較低的價格將股利再投資，而且你仍然可以保留每股 2 美元，相當於額外 4.3% 的報酬率。

三、惱人的情況。思科股價漲到 53 美元，買權買方可以履行選擇權，迫使你以 50 美元的價格把股票賣給他們。別忘了，你還保留他們付給你的 2 美元，所以你其實就像以 52 美元的價格賣出。儘管股價比履約價高了 3 美元，但你在 6 個月內仍然透過 47 美元的股票賺取 5 美元（3 美元利潤加上賣出買權得到的 2 美元），外加每股 0.76 美元的股利，你就獲得前面提到的 12.2% 報酬，所以情況沒那麼糟。

但你確實錯過更高的利潤，這就是你賣出買權時要承擔的風險。想像一下，如果你進行同樣的交易，但微軟以每股 70 美元的價格收購思科。那你就錯過了所有額外的利潤，會更加惱火。

正如我一再說過的，華爾街沒有免費的午餐。如果你想透過賣出買權輕鬆賺取每股 2 美元，那就會承擔以下風險：必須以低於未來可能交易價的價格賣出持股。

但這並不表示你會蒙受損失。我們來釐清這一點。如果你以高於買進股票價格的履約價出售買權，你不會因買權被履行而蒙受損失。這是一個需要理解的重要概念。

當然，如果股票下跌並且你賣出它，你可能會蒙受損失。但如果你賣出的買權履約價高於你的股票買進成本，只要你持有該投資部位直至到期日，就不會讓你在選擇權交易中遭受損失——只不過你會在股價高於買權履約價時，失去進一步獲利的機會。

> **選擇權：其中 1 等於 100 股**
>
> 選擇權合約以 100 股為一組進行。如果你賣出 1 口買權，即表示你同意賣出 100 股股票。賣出這口買權獲得的每股 2 美元，會為你的帳戶增加 200 美元現金。如果買方履行選擇權，並且你必須以 50 美元的單價賣出股票，你將收到 5,000 美元，因為對方會付你每股價格 50 美元的 100 股股票費用。

即使股票價格高於你賣出的買權履約價，你也不一定得賣出股票。如果思科的股價為 53 美元，而你已賣出 1 月份的 50 美元買權，你可以買回該買權，而不是賣出股票，儘管這樣做會虧損。因此，也許你需要為以 2 美元賣出的買權支付 3.50 美元，進而導致每股虧損 1.50 美元。但如果你打算持有股票、將股利進行再投資並累積備用金，你可能會認為這樣做是值得的。

或者你甚至能夠以獲利的方式買回買權。選擇權的價值會

隨著到期日的接近而減少。如果思科在到期前一天的交易價格為 50.45 美元，你或許能以 0.50 美元的價格買回買權，在這種情況下，你將能保留股票，同時仍然可以從最初以 2 美元賣出的買權中，賺取 1.50 美元的利潤。

選擇權價格

一些關鍵變數會影響選擇權價格，其中包括股票與履約價的差距、時間和波動性。

> 價內（in the money）：股價高於履約價的買權，或股價低於履約價的賣權。如果股票交易價格為 35 美元，同一支股票的 30 美元買權和 40 美元賣權就是價內選擇權，因為 35 美元高於買權的 30 美元履約價，低於賣權的 40 美元履約價。
>
> 價平（at the money）：股價等於履約價的選擇權。如果股票交易價格為 35 美元，則 35 美元的買權和 35 美元的賣權就是價平選擇權。
>
> 價外（out of the money）：股票低於履約價的買權，或股票高於履約價的賣權。如果股票交易價格為 35 美元，則 40 美元的買權和 30 美元的賣權屬於價外選擇權。

價內買權是履約價低於目前股價的買權。

範例：費利浦‧麥克莫蘭銅金公司（Freeport-McMoRan，

NYSE：FCX）的交易價格為 37 美元。1 月 35 美元的買權是價內選擇權，因為履約價（35 美元）低於目前價格（37 美元）。該選擇權目前的交易價格為 8 美元，原因在於股票已有 2 美元的價內價值，買權的價值必須至少為 2 美元，這是股票持有者以 35 美元買進股票後可以自動賺取的利潤。剩下的 6 美元是波動性造成，稍後會討論這一點。

如果你賣出 1 月 37 美元的買權，它就是價平，因為目前價格等於履約價。該買權的價格為 7 美元，所有這 7 美元都是因波動性產生。履行這項選擇權並以 37 美元買進股票的人，不會因這支以相同價格交易的股票而獲利或虧損。

1 月 40 美元的買權屬於價外，因為 40 美元的履約價高於目前 37 美元的股價。40 美元的履約價將使你必須支付 5.75 美元來買進買權，而這 5.75 美元同樣也是波動性造成。

現在我們來談談波動性。

■ 波動性：選擇權賣方最好的朋友

如果你賣出股票買權，你最好的朋友就不是家裡的狗了，而是波動性。波動性是衡量股價波動程度的指標。股價起伏愈大，達到選擇權履約價的可能性就愈高，這就是為什麼波動性較大的股票擁有價格較高的選擇權。

可以這樣想：如果你買進的選擇權實際上達到履約價的可能性很小，你可能不會願意為此支付太高的價格。但如果一支股

票一天上漲 3 美元，第二天下跌 6 美元，再隔天又上漲 5 美元，依此類推，你的選擇權就比較有可能達到履約價並獲利。由於觸及履約價並獲利的可能性較高，你將不得不支付更高的價格。

關於波動性的研究有很多，你可以在各種有關選擇權的書籍中閱讀所有相關內容，這裡提供一個簡單的解釋。

美國居家健身巨頭派樂騰（Peloton Interactive，Nasdaq：PTON）股票的波動性非常大，因為其獲利在疫情期間和之後大幅波動。另一支股票 B&G Foods（NYSE：BGS）食品公司的價格實際上高於派樂騰，但它的選擇權卻比派樂騰便宜得多，因為該股票的波動性較小。

你賣出波動性股票的買權時，可以向買方收取更多的權利金。它的波動性較大，這增加了你的買權被履行的機會，你將必須賣出股票，但你會因為承擔這種風險而得到豐厚的報酬。

比方說，如果你以 10.70 美元的價格買進海洋產品公司（Marine Products，NYSE：MPX）股票，並在 2022 年 8 月下旬以 1 美元的價格賣出 12 月的 12.50 美元買權，那麼你僅從買權中就能賺取 9.4％的收益（1 美元／10.70 美元＝9.4％）。如果你在等待買權到期期間，持有該股票 3 個月，你將獲得另外 0.12 美元的股利，進而將你的報酬率提高到 10.5％。最後，如果 3 個月後，股票交易價格高於 12.50 美元，你被迫以履約價賣出持股，你將透過賣出股票再獲得 1.80 美元的利潤，在短短 3 個月內總報酬為 27.3 美元。

當然，風險在於，該股票的交易價格為 20 美元，而你必

須以 12.50 美元的價格出售，錯過了巨大的收益。但你賺取 0.12 美元的股利，加上 1 美元的買權權利金，這將消除因錯失機會而帶來的一些痛苦。

另外，如果股價對你不利並跌到 10 美元，你仍會獲利，因為你從買權中收取 1 美元權利金，並獲得 0.12 美元的股利。該買權實質上將你的損益平衡價格（break-even price）從 10.70 美元降至 9.58 美元。

■ 時間站在你這邊

時間是選擇權價格的另一個要素。距離到期的時間愈長，選擇權的價值就愈高。這是有道理的，畢竟，距離到期日愈遠，股票達到履約價的時間就愈長。某支股票的選擇權若是幾週後就到期，可能幾乎沒有機會達到價外履約價，因此，它的價值將非常低。

選擇權價格隨著時間減少。如果從你賣出選擇權到選擇權到期日，股票的價格從未變動，你會看到選擇權價格隨著時間而慢慢下跌。等到到期日接近，價格下跌的動力將會加快。

這就是為什麼我說，作為買權賣方，時間站在你這邊。如果你以很好的價格賣出買權，到最後，價格中的時間價值部分將會逐漸下降。如果股票波動較大或股價上漲，選擇權價格可能會走高，但時間價值將像沙漏中的沙子一樣減少到零。

事實上，你有可能賣出價外買權，看到股票上漲而進入價

內，但你仍然可以獲利。

以下說明原因。

在海洋產品公司的例子中，2022 年 8 月股票交易價格為 10.70 美元，你賣出 12 月履約價 12.50 美元的買權，並獲得 1 美元權利金。假設 2022 年 12 月中旬，該股票的交易價格為 13 美元，由於選擇權合約的大部分有效時間已經過去，剩下的時間價值所剩無幾。因此，你以 1 美元賣出的 12 月履約價 12.50 美元買權，現在的交易價格可能是 0.50 美元，儘管該股票已經比履約價高 0.50 美元。

你可以買回買權，賺取 0.50 美元的利潤（1 美元 － 0.50 美元 ＝ 0.50 美元），並繼續持有你的股票，目前該股票的交易價格為 13 美元。

■ 誰應該賣出掩護性買權？

由於掩護性買權的賣方可能必須讓出其股票，該策略較適合尋求當期收益的投資人，而不是那些試圖透過股利再投資累積財富的投資人。

如果你試著透過股利再投資，在 10 年內累積資產，那麼很有可能在這 10 年內會迎來牛市，股票將會上漲，你賣出的任何掩護性買權股票都可能被強制賣出，從而中斷股利複利機制。

當然，你隨時可以將出售股票的資金，投入另一支支付股利的股票中。但股利再投資方法的吸引力之一是它非常簡單，

而且只須投入很少的時間。

　　此外，你無法自動將賣出買權獲得的資金，重新投入該股票中。這不是大問題，但如果你想增加對該股票的持有量，那麼用從買權中得到的資金購買更多股票，是你必須採取的另一個步驟。

　　如果你要針對你的部位賣出掩護性買權，你絕對希望能夠隨時掌握市場情況。

　　但這種時間投入肯定是值得的。如果你尋求當期收益，這是提高報酬的絕佳策略。正如你在海洋產品公司的例子中看到的，如果一支股票以 12.50 美元的價格被強制賣出，你將透過股利和價格上漲賺取 27.2%，而不是 17.9%。如果你沒有被迫賣出股票，你將在你原本準備持有以獲得股利的股票上，額外賺取近 10 個百分點。

　　如果這支股票被強制賣出，你只須拿走你的收益，然後轉向下一支配息型股票。

　　唯一真正的缺點是，股票價格有可能漲到遠超過履約價。這可能會令人沮喪，因為你將錯過這些額外的利潤。如果你賣出夠多的掩護性買權，這種情況很可能就會發生在你身上。但從長遠來看，投入額外的時間來管理你的部位很值得，這樣可以從你的股票年復一年獲得額外的兩位數報酬。

　　現在，如果你的股票暴跌，你想拋售它，但你之前已賣出它的買權，該怎麼辦？沒關係，你只需要買回價格通常已經降很多的買權即可。如果海洋產品公司股價跌至 8 美元，你賣出

的 12.50 美元買權可能也會隨之下跌。買權的下跌幅度不會與股價等值對應，因為別忘了，選擇權的價格也受到時間和波動性的影響。但價格應該比之前低，你可以買回買權並獲利，然後再賣出股票。

比方說，如果你以 1 美元的價格賣出 12.50 美元的海洋產品公司股票買權，而股價跌至 8 美元，則該選擇權的交易價格可能跌到 0.25 美元。你買回買權並獲利 0.75 美元（1 美元－0.25 美元＝ 0.75 美元）。這 0.75 美元的買權利潤，抵銷了股票 2.70 美元虧損的一部分。

濃縮咖啡並不適合所有的人。有些人會因攝取咖啡因而感到緊張，但其他人喜歡它提供的額外提神效果。掩護性買權也類似，有些投資人不想花額外的時間來研究和管理他們的選擇權部位，但對於願意這樣投入時間的人來說，投資組合報酬的額外收益提高幅度，可能會像大杯咖啡一樣大。

▌年報酬率為 20%

有多種賣出掩護性買權的策略。一些投資人喜歡賣出價外買權，並接受較低的買權權利金，以減少股票被強制賣出的可能性。

其他人會出售價內買權，以便充分提高從買權中獲得的收益，並且不在乎股票是否被賣出，即使是以虧損價格賣出，因為較高的選擇權權利金將可彌補這個損失。這在熊市中也可

能是一種有效的策略，因為即使股票下跌，你仍然可以保留股票，而且你已經獲得更高的選擇權權利金。

這兩種策略都是有效的，至於要選擇哪一種，只取決於你使用掩護性買權的優先順序以及你對市場的看法。我往往選擇介於這兩者之間的策略。

我最常使用和推薦的方法，本質上是短期的，並且使用價平或稍微價外的買權。

如果我賣出掩護性買權，我就是在租用股票，而不是買進持有股票。換句話說，我不在乎這支股票是否被賣出。事實上，所有股票對我來說都是創造收益的工具，而不是我打算長期持有的東西。我不在乎管理階層有多好或多壞、公司是否產生充足的現金流量，或利潤是否在增加。它只是一個包含三到四個字母、將為我產生夠多收益來達成目標的股票代碼。

我的目標是什麼？我很高興你問這個問題。我賣出掩護性買權時，會努力達成 20% 的年化報酬。

如果我能在 6 週內實現 3% 或更高的報酬，那麼年化報酬率就是 26%。為實現那 3% 的報酬，我需要結合股利支付和選擇權權利金。如果還能在股票價格上賺到一點，就能當成額外收益。

以下說明我的意思。

假設現在是 9 月中旬，國際紙業公司（International Paper，NYSE：IP）的交易價格為 48.25 美元。11 月履約價 49 美元的買權能以 1.30 美元的價格出售。該股票預計於 11 月中

旬，發放每股 0.4625 美元的股利。

你以 48.25 美元的價格買進國際紙業，並以 1.30 美元的價格賣出 11 月履約價 49 美元的買權。在買權到期之前，你將獲得 0.4625 美元的股利。到期時，會出現以下三種情況之一：

1. 股價高於 49 美元的履約價。
2. 股價等於 49 美元的履約價。
3. 股價低於 49 美元的履約價。

我們來看看第一種情況：股價高於 49 美元的履約價。

11 月已經到來，國際紙業公司的股價一直表現強勁。今天是 11 月的第三個週五（選擇權到期前可以交易的最後一天），國際紙業公司的交易價格為 52 美元。

如果你什麼都不做，股票就會被強制賣出，這意味著你必須以履約價 49 美元賣出它。在這種情況下，你會保留 1.30 美元的選擇權權利金、0.4625 美元的股利和 0.75 美元的資本利得（你以 48.25 美元買進股票，並以 49 美元賣出，獲得 0.75 美元收益）。你在掩護性買權上總共賺取 2.5125 美元，即 5.2%（2.56 美元／ 48.25 美元＝ 5.2%）。

你可能認為 5.2% 的報酬率沒什麼特別，但請記住，你在 2 個月內就賺到這樣的成果。考慮到股市全年平均報酬率約為 8%，兩個月內 5.2% 已經相當不錯了。年化後，5.2% 變為超過 31%（12 個月／ 2 個月＝ 6.6 × 5.2%＝ 31.2%）。

如果你決定不如保留這支股票，因為你認為它會繼續走高，那麼你可以買回選擇權，以免你的股票被強制賣出。由於該股票價格比履約價高 3 美元，你可能要支付 3.10 美元以買回選擇權。

在這種情況下，你在選擇權上會損失 1.80 美元（你以 1.30 美元的價格賣出，並以 3.10 美元的價格買回），並在股利上賺取 0.4625 美元。你現在在股票上有 3.75 美元的未實現收益，你可以稍後賣出，希望獲得更高的收益。

如果股票價格正好等於或低於履約價 49 美元，你的選擇權就會到期毫無價值。從技術上講，買權買方可以要求你賣出股票；但如果該股票的交易價格正好是 49 美元，那麼買權買方最好在公開市場上購買該股票。要求賣出股票或被要求賣出股票的手續費，通常高於在公開市場上買賣的手續費。

因此，如果買權到期毫無價值，你身為賣方，將保留權利金和股票。

請記住，如果股票大跌，你仍然可能會遭受較大的損失。如果國際紙業股價跌至每股 40 美元，是的，你仍將保留賣出買權的 1.30 美元權利金和 0.4625 美元股利，但股票上的虧損將達到 8.25 美元。如果股票大跌並且不適合長期持有，那麼在某個時候，你可能會決定以虧損的價格賣出股票，並以能夠獲利的價格買回買權。

如果股票跌至 40 美元，該選擇權基本上毫無價值，因為如果股票交易價格為 40 美元，沒有人會以 49 美元的價格向你

購買股票；你可能以低至 0.05 美元的價格買回買權。

如果股票交易價格為 47 美元，距離到期還有幾週時間，你也許能以 0.50 美元的價格買回買權，從而在選擇權上賺取 0.80 美元，但在帳面上仍然有 1.25 美元的虧損。

我賣出掩護性買權時，會試圖在 6 到 8 週內獲得 3%到 5%的收益。如果我每次交易都能產生這樣的報酬，並且全年進行這些交易，那麼在資金上賺到 20%的報酬應該沒有問題。

當然，市場和股票必須配合。如果市場出現大幅修正或低迷，那就沒那麼容易了。另一方面，賣出優質股利型股票的掩護性買權，是在市場下滑期間創造額外收益的一種方式。

要這樣做，採用的策略是，對除息日早於選擇權到期日的股票，賣出價平或稍微價外的買權。

在國際紙業公司的例子中，股票的除息日是 11 月中旬，你賣出在股票除息日大約 1 週後到期的 11 月買權。

如果一切按計畫進行，你可以同時獲得股利和選擇權權利金。但有時計畫不會按照預期的方式進行。

如果股票在除息日之前高於履約價，買權買方可能會履行選擇權，從你手中買走股票以獲取股利。

因此，如果國際紙業公司 11 月中旬的交易價格為 52 美元，買權買方可能會履行選擇權，以 49 美元的價格向你買走股票。他們以低於目前市價的價格購買股票，並有權獲得股利，因為他們在除息日之前擁有該股票。

作為選擇權賣方，你保留 1.30 美元的全部選擇權權利金，

並以 49 美元的價格賣出股票，每股收益 0.75 美元。不到 2 個月，你總共賺了 2.05 美元，即 4.2%──年化報酬率仍遠高於 20%。

如果在這一年中，你一再進行這種交易，卻始終無法獲得股利（只拿到選擇權權利金和股票的小幅上漲收益），你的收益仍將超過 20%。

使用掩護性買權的投資人，還可以在幾個月、甚至幾年後出售買權，以獲得更多的選擇權權利金。此外，他們可以賣出履約價遠低於目前價格的買權，亦即深度價內買權（deep in-the-money call），從而獲得更多權利金，或者他們可以賣出履約價遠高於目前價格的買權。在後一種情況下，他們會獲得較少的選擇權權利金，但如果股票上漲，就可以獲得更多收益。

賣出掩護性買權是產生短期收益的好方法，你可以在大多數個人退休帳戶中這樣做。與任何股票一樣，風險在於標的股票下跌。你仍然可以保留選擇權權利金和股利，但股市風險仍存在，機會風險也存在，因為你無法參與股票的無限上漲潛力。收益受到履約價的限制。

但是沒有關係，因為我們進入這種類型的交易，並不是為了試圖在股票上大獲成功，而是為了創造額外收益。

▎賣出賣權

有些投資人非常熱衷於賣出裸賣賣權（naked put）。賣出

價外掩護性買權時，你已經擁有股票，除非股價下跌，否則不會有虧損，但賣出裸賣權不同，它涉及重大風險。它被稱為裸賣權，是因為該選擇權沒有與股票結合。如果你做空股票並賣出賣權，那就不是裸賣。

你賣出賣權時，買方有權在到期前或到期時以履約價向你賣股票。因此，當你賣出賣權時，你需要做好買進股票的準備。

賣權賣方通常會賣出價外賣權，這意味著履約價低於目前市場價格。

作為回報，你身為賣權賣方，將收到買方為賣權支付的權利金。如果股票價格沒有達到賣權的履約價，你將保留這筆現金。如果賣權最終進入價內，你可能被迫購買股票，這可能會所費不貲。

這樣想吧。賣權買方為自己的股票購買保險，如果股價下跌，他們會受到賣權的保護。而你作為賣權賣方，就像是保險公司，收取並保留保險費（權利金），並承擔出問題時的風險。

假設默克公司（Merck，NYSE：MRK）的交易價格為 80 美元，你以每口合約 1 美元的價格，賣出 5 口默克的賣權合約，履約價為 75 美元。由於 1 口選擇權合約代表 100 股，你每口合約將獲得 100 美元，即總共 500 美元。如果默克賣權處於價內狀態（低於 75 美元），並且你被要求買進該股票，則你需要支付 37,750 美元（每股 75 美元 × 500 股 = 37,750 美元）。賣出裸賣權的投資人，只有在想以賣出賣權的履約價持有標的股票時，才應該這樣做，而且還需要有足夠的資金，在

被執行賣權時買下這些股票。

　　賣權賣方喜歡這種策略，因為在牛市中，這就像免費賺到錢。他們透過賣出賣權獲得現金，並且不需要持有任何股票（但如果股價走高，他們就無法參與任何上漲的機會）。如果股價下跌，他們不僅能保留賣權收入，還能以比之前更低的價格買進股票。

　　以默克為例，如果股票交易價格為 80 美元，你以 75 美元的履約價賣出賣權，當賣權被執行，你以 75 美元的價格買進股票，則淨成本為 74 美元。不要忘記，你賣出賣權已獲得每股 1 美元的收益。當默克的交易價格為 80 美元時，如果你願意以 74 美元的價格持有該股票，那麼這筆交易可能會很有吸引力。

　　風險在於，選擇權到期時，默克股價可能會大跌。如果默克的某款藥品被證實具有嚴重的副作用，而其股價跌至 50 美元，那麼你仍然必須以 75 美元的價格買進它。與掩護性買權一樣，如果交易對你不利，你隨時可以用賠錢價格買回賣權來止損――但要在賣權被執行之前進行。

　　對於那些看到想買的股票、但感覺價格過高的股利投資人而言，賣出賣權策略很有吸引力。他們可以賣掉賣權，實質上是收錢等待股價下跌。如果股價確實下跌，投資人可以獲得理想的價格，如果股價沒有下跌，至少他們在過程中獲得一些收益。

　　這是確保低價買進的有效方法。當股價上漲且估值增加

時，賣權賣方不買進股票，而只是透過選擇權權利金來獲利。之後，當市場修正或股價下跌時，他們就會逢低買進股票。

鑑於大多數投資人在市場大漲後，在錯誤的時間投入資金，並在市場下跌時撤出資金，上述方式是一種有效的策略，可確保你在正確的時間（價格較低時）進行投資，並等到適當的時候獲得收益。

風險在於，很可能你購買的股票，價格遠高於該股票當時的價值。

在默克的例子中，如果該公司公布某季業績極差，並表示必須將旗下最暢銷的藥品下架，因為經查證該藥品不僅不具療效，而且會致命，那麼該公司的股價可能會跌至 25 美元。你身為賣權賣方，現在就會以 75 美元的價格持有一支 25 美元的股票，因為你被迫在該價位買進。

我喜歡賣出賣權，但它比賣掩護性買權更複雜。對大多數投資人來說，掩護性買權策略是更好的策略，原因很重要：風險較低。當你為了收益和未來而保守投資時，你最不想看到的就是因為一筆選擇權交易而損失慘重。

你賣出掩護性買權時，除了股票下跌（無論是否賣出買權都可能發生）之外，最糟糕的情況是，你的股票上漲，而你被迫賣出它並錯過一些上漲潛力，或者你可能用虧本價買回之前賣出的買權，以保留股票的上漲潛力。

本章摘要

- 賣出掩護性買權是增加持股收益的好方法。
- 你賣出掩護性買權時,買方有權利(但沒有義務)在特定日期(到期日)之前,以指定價格(履約價)向你購買你的股票。
- 你賣出價外掩護性買權時,你唯一的風險是機會風險(雖然如果你不想賣出股票,你可以選擇以虧本價買回買權)。
- 你需要積極監控你的掩護性買權部位。掩護性買權策略需要你更多的關注,所以你不再能夠不費吹灰之力就致富。
- 賣出價外裸賣權,可以讓你等待並觀察屬意的股票是否下跌,並且獲得報酬,但它比賣出掩護性買權風險更大。
- 咖啡對我沒有作用,但濃縮咖啡卻讓我變得像吃了興奮劑的喜劇演員金凱瑞(Jim Carrey)。

CHAPTER 11

用外國股利股進行多元化

有些支付股利的公司，特別是新興市場中的那類公司，可以提供極具吸引力的收益，特別是相較於美國同類公司。

2011年底，當優質美國公司的殖利率約為3%到4%時，許多新興市場和遭受重創的歐洲股票，殖利率是這些公司的兩倍。如今，許多歐洲和新興市場的高殖利率已降至接近美國公司的水準，雖然有些新興市場的股利型股票仍提供高殖利率。

同樣地，務必要記住，華爾街不會隨便送錢出去。兩支條件相當的股票，股利殖利率不會相差懸殊到其中一支股票的殖利率比另一支高出一倍半到兩倍。

若是A公司的殖利率為7%，而B公司的殖利率為3.5%，那是因為A公司的風險較高，或者華爾街認為它的風險較高。有些公司因為華爾街誤解和害怕其股票，或低估其股票表現，導致錯誤定價，如果優秀的投資人能夠識別出這類公司，就會賺大錢。

股利殖利率也是如此。你應該尋找的，是殖利率比類似的美國公司更高的公司，因為華爾街對這些股票的定價錯誤。

但重要的是你必須清楚，較高的殖利率通常意味著較高的風險。這並不意味著你不應該冒這個風險，但你絕對需要認知到這一點。

■ 高波動的股利？

華爾街分析師有自己的語言。當他們要求執行長提供有關

某個主題的更多細節時，他們會說：「你能提供更多關於那一點的詳細資訊嗎？」或者他們可能會要求提供關於該季度的更多背景資訊。

我最喜歡的術語之一是「波動」（lumpy）。不，那指的不是我的頭凹凸不平，而是不一致。如果某公司某季的每股盈餘為 1 美元，下一季的每股盈餘僅為 0.20 美元，而再下一季的每股盈餘為 1.05 美元，那麼該公司的利潤可能會被描述為波動。有時這是因為銷售週期，或只是因為有一份大型合約已簽訂、支付或確認入帳。

我也將這種波動性（lumpiness）擴展到股利支付。外國股票的股利通常不固定，他們可能第一年支付每股 1.65 美元，第二年支付 1.32 美元，第三年支付 1.77 美元，第四年支付 1.41 美元。

美國公司通常會盡量避免讓股利像這樣混亂，他們盡最大努力保持股利的一致性。如果管理團隊擔心未來可能不得不削減股利，就很可能不會在前一年提高股利，如此一來，這種變化就不會顯得股利減少。

對於海外公司，尤其是新興市場的公司，每年的股利可能會有很大差異。貨幣波動可能在其中發揮重要作用。以當地貨幣計算，公司可能支付一致的股利，但如果該貨幣兌美元每年波動 10%，ADR 的投資人可能會在某一年獲得每股 2 美元的股利，第二年獲得 1.80 美元的股利，而該公司實際上以當地貨幣支付了相同金額的股利。

> **美國存託憑證（ADR）**：在美國交易所交易、代表外國股票股份的工具。ADR 以美元計價，而實際的外國股票，則是根據其交易所在的交易所貨幣來定價。ADR 持有者有權將它轉換為外國股票的實體股份，儘管很少有人真正這樣做。

例如，加拿大貝爾電信公司（BCE，NYSE：BCE）2021 年每季支付的股利為每股 0.875 加幣。

如同你在表 11.1 中看到的，在 2021 年，該公司每季實際上支付了相同金額的股利，但 ADR 投資人收到的金額會變動。

由於加幣波動，美國投資人實際上會看到自己的股利從第一季每股 ADR 0.7011 美元，增至第二季的 0.7179 美元，之後在第三和第四季跌破 0.70 美元，儘管以加幣支付的金額始終保持不變。

表 11.1　加拿大貝爾電信公司的股利支付

	2021 年第一季	2021 年第二季	2021 年第三季	2021 年第四季
每股股利（以加幣計）	CA$0.875	CA$0.875	CA$0.875	CA$0.875
每股股利（以美元計）	US$0.7011	US$0.7179	US$0.6916	US$0.6544

資料來源：BCE，*Seeking Alpha*。

這是一個需要理解的重要概念，因為它會影響你的股利。

我們來舉一個容易理解的例子。

我開的馬克・利希滕菲爾德義式小館接受的貨幣是利希滕菲爾德幣（簡稱為利希幣），當我將公司上市並出售股票時，利希幣與美元等值交易——1 利希幣等於 1 美元，公司股票也以利希幣計價。

我們假設一股 ADR 代表一股股票。

我宣布每股派發 1 利希幣的股利。由於利希幣對美元的匯率為 1：1，ADR 持有者每股可獲得 1 美元。

第二年，由於焗烤通心粉大獲成功，利希幣升值到每 1 利希幣兌 2 美元。我繼續支付每股 1 利希幣的股利。但由於利希幣現在價值 2 美元，ADR 持有者僅收到 0.50 美元。

第三年，一名美食評論家吃了一批不新鮮的蛤蜊賭場（clams casino）後感到噁心，利希幣價格暴跌，對美元的匯率變成 2：1。我繼續支付每股 1 利希幣的股利，但現在相當於 2 美元。

因此，在三年的時間裡，我每年支付每股 1 利希幣，但由於匯率變動，ADR 的持有者會發現配息在 0.50 美元到 2 美元之間波動。

■ 波動的永久股利成長股？

ADR 持有者收到的股利波動，導致很難找到外國的永久股利成長股。

通常，股利計畫都會受到謹慎管理。當收益和現金流量在某種程度上可預測時，高階主管就會針對如何分配股利、以及是否有成長計畫來擬定策略。如果每年有足夠的額外現金來增加股利，通常會設定一個目標成長率。

即使外國管理團隊擬定這種股利策略，由於匯率變動，ADR 持有者獲得的股利也超出他們的控制範圍。

公司可以在某一年將股利提高 5%，但如果該貨幣兌美元升值，即使股利增加，ADR 持有者也將收到較低的金額。

因此，通常很難找到符合永久股利成長股資格的外國公司。不僅公司需要配合，貨幣市場也需要配合。而且美元對另一種貨幣年復一年穩定升值的可能性很小。

這不是一項政治或經濟爭論，也不是說我看空美元或美國，只是市場（尤其是貨幣市場）很少朝單向發展。長期來看，可能會有一種趨勢出現，美元對某種特定貨幣可能在 5 或 10 年內升值，但這種移動不太可能是完全直線性的發展。

這種波動可能會影響公司被稱為「永久股利成長股」的能力。如果美元確實升值並且公司提高股利，那麼多年後它可能會成為一項不錯的投資。但相較於本書中討論的其他類型股票，它的可預測性要低得多。

如果你想確保年復一年獲得更多的收益來源，外國股利股票可能無法完成這項任務。

外國股利股票的另一個問題是股利支付的頻率。美國公司的投資人習慣獲得季度股利，而外國公司通常每年只支付一到

兩次股利。

對仰賴股利收益的投資人來說，這意味著每年只收到一、兩大筆款項，而不是四小筆款項。

對不仰賴每季收益的投資人來說，這沒什麼大不了的，但對那些仰賴每季收益的投資人來說，時機可能是個問題。即使對將股利進行再投資的投資人來說，每年只支付一次股利，也會對總報酬產生負面影響。

你將每年收到四次的股利進行再投資時，會將投資分成四個時期，以四種不同的價格進行。它近似於平均成本法（或是定期定額投資法，dollar-cost averaging），亦即在一段時間內分批進行投資。

如果你每年只收到一筆股利，那麼所有這些錢都會立即投入股票中。如果該股票因預期股利而上漲，你將在股價位於高位時，將全年股利進行再投資。

由於所謂的股利捕獲（dividend capture）策略，這種情況並不罕見。

> 股利捕獲（dividend capture）：在除息日（新投資人無權獲得最近一次股利的日期）之前購買股票以捕獲股利，然後很快就賣出股票。

投資人採取股利捕獲策略，是想要持有股票夠久以取得股利，然後再轉向下一支股票。

對採取股利捕獲策略的投資人而言,高配息型股票特別具有吸引力。每年只支付一次高股利的股票,肯定會受到他們的關注。

這一點很重要,因為如果有夠多買方有興趣在股利發放之前買進股票(無論他們是為了捕獲股利的投資人,還是計畫成為名副其實的長期持有者),隨著更多買方買進股票,股價將會上漲。

對每年進行一次股利再投資的投資人來說,這是一個問題。如果每次長期投資人將股利再投資時,股票價格都會上漲,那麼他們的報酬將遠低於在股利發放之前未引起人們關注的股票。

股利捕獲策略不僅僅針對外國股票。美國公司也可能、而且確實會發生這種情況。但由於美國公司全年的股利發放經常分為四次,美國股票受到股利捕獲策略嚴重影響的可能性,低於每年一次性支付6%股利的外國股票。

■ 其他風險

當你投資位於其他國家並在當地進行交易的公司時,你將承擔額外的風險,例如政治、經濟和監管風險。

雖然美國監管機構和審計機構絕非完美,正如在安隆(Enron)破產事件或伯納・馬多夫(Bernie Madoff)龐氏騙局中遭受損失的投資人所證明的那樣,但美國體系確實在一定程

度上確保公布的財務結果是真實的。也許一心想要詐欺投資人的狡猾之徒可能會得手，但到目前為止，這種情況是例外，而不是常態。

在其他一些國家，投資人通常不知道監管機構和審計機構的水準如何。身為一般投資人，你可能會對某家智利電信公司進行盡職調查，但事實上，你不知道智利的監管機構和審計機構的工作有多徹底。他們也許很棒——是世界上最好的，據你所知是這樣。但這正是重點所在：你不知道實際情況。

因此，當一家外國公司公布財務結果時，投資人必須有一定程度的信任——甚至比對美國公司的信任程度更高，特別是該公司位於新興市場國家時。

你可能會認為這樣說有點民族中心主義（ethnocentric），但這是事實。

像英國和澳洲這類擁有悠久股市的國家，通常會有可靠的會計實務和規則。另一方面，像中國等國家則因擁有空殼公司和做假帳的企業而聲名狼藉。

如果這還不夠駭人，那麼在某些國家，你還會面臨政治或經濟動盪的風險。例如2022年7月，阿根廷的通膨率竟高達71%。因此，阿根廷最終可能會使它的貨幣貶值（或者，當你讀到這部分時，阿根廷貨幣可能已經貶值），而這將損害該國企業及其支付股利的能力。

一些國家可能會發生政治動盪，這可能會影響公司增加利潤和股利的能力。也許這場動盪會導致一家卓越企業的股價

下跌，讓你能夠逢低買進更多股票，然後等股價最後回升時獲利。或者也許股價永遠不會回升，因為這個國家的新領導人腐敗、反商等等。

2014 年，俄羅斯因為在烏克蘭的軍事行動而遭到經濟制裁（聽起來很熟悉），俄羅斯議會通過一項法律，禁止俄羅斯以外的投資人持有任何俄羅斯大型媒體公司 20%以上的股份。

這對 CTC 媒體（CTC Media）來說是一大問題，CTC 媒體是在那斯達克上市的俄羅斯電視廣播公司，於德拉瓦州註冊成立，而且在該法律通過之前，它的股票殖利率為 7%。

這支股票對一些投資人極有吸引力，因為它擁有高殖利率，而且該公司以美元報告業績。

但該法案通過後，這支股票在短短幾週內，就蒸發近 50%的市值。該公司的實際業務沒有任何改變，它的廣告庫存仍然幾乎售罄，廣告商並沒有撤資，但由於政治氛圍而股價重挫。該公司於 2016 年從那斯達克下市。

這是一個絕佳的例子，可以說明在美國以外的市場投資時，外國政府可能往往是不可預測的因素。

既然我可能已經把你嚇得只敢投資美國最穩妥可靠的績優股，那麼接下來讓我告訴你，為何外國股票能成為你投資組合的良好補充。

由於上述這些額外的風險因素，你通常會因為承擔該風險而獲得補償，這種補償形式是更高的股利殖利率。正如我之前解釋的，目前美國的穩健股利殖利率為 3%至 4%，而在新興

市場，你可以找到支付 5% 至 6% 股利的優質公司。

如果你投資的市場正確，投資的公司也正確，你不僅可以獲得高殖利率，也能獲得重大的資本收益。

任何具有專業能力的財務顧問都會告訴你，務必要分散你的投資組合。你應該要有小型股、大型股、中型股、美國公司和國際公司，包括新興市場的公司。

配息型股票投資組合也不例外。雖然有一些其他風險，但你也會因為未分散投資而承擔額外風險。

例如，在 2008 年，標普 500 指數下跌 37%，任何投資突尼西亞股市的人（其實幾乎沒有人這麼做）都會獲得 10% 的收益。

這顯然是一個極端的例子，但它說明了當你投資組合的其他部分下跌時，你對其他市場的投資可能產生收益。

投資外國的配息型股票時，需要做好功課，並確保你了解該特定國家的特定股票額外和獨特的風險。但如果你意識到風險，並且市場給予你充分補償，那麼外國股票可能會成為你投資組合的重要部分。我只是要提醒你，不要只追求殖利率，也不要在投資組合中過度加碼此類股票。

要把這些股票當作甜點。正如我們告訴孩子的那樣，冰淇淋是偶爾才能吃的食物。孩子平日吃的主要是蔬菜、蛋白質、水果和穀物，偶爾才能夠吃到冰淇淋。你的股利投資組合應該主要由符合 10-11-12 系統資格的永久股利成長股組成，但是，完全沒問題的做法（事實上是我建議的做法）是，在投資組合

中加入一些外國的配息型股票，只要你知道它們不太可能成為永久股利成長股。但你獲得的額外收益，可能會讓你值得花時間一試。

> **本章摘要**
> - 外國配息型股票的殖利率可能比美國同類股高得多。
> - 由於匯率波動，外國公司通常不會被列為永久股利成長股。
> - 外國股票提供的較高殖利率，是對較高政治和經濟風險的補償。
> - 許多外國股利每年只支付一到兩次。
> - 你本應在 2008 年就投資突尼西亞股市。廢話！

CHAPTER 12

加密貨幣可以納入
股利計畫中嗎？

關於加密貨幣的一些說明。本書第一版出版時，加密貨幣幾乎還未出現。幾年後，第二版發行時，加密貨幣仍然幾乎不太受人關注。從那時之後，情況就明顯改變了，因為幾乎所有投資人至少都知道加密貨幣，而且許多投資人擁有一些加密貨幣。

有很多人不贊同我的看法，但我認為加密貨幣並不適合納入大多數投資人的長期投資組合。如果你想用部分資金進行投機買賣，試圖抓住轉瞬即逝的機會，那就放手去做吧，前提是你要能承受損失大部分（或全部）投資的風險。你可能不會虧損，也可能會幸運賺到錢——但不要冒險投入比你能承受的損失還多的金額。

加密貨幣投資人偶爾也會遇到帳戶被駭客入侵和資金被盜的情況。一些持有投資人帳戶的公司在回應時基本上會說：「這是你的問題，不是我的問題。」換句話說，那些投資人運氣不好。

我確實從未聽說過有股票投資人的帳戶遭駭而導致股票丟失的情況，而且股票帳戶受到證券投資人保護公司（SIPC）的保護。擁有券商帳戶的投資人可獲得 50 萬美元的保險，其中包括最高 25 萬美元的現金。所有銷售股票或債券的券商都必須成為 SIPC 的成員，以保護其客戶。

但目前並沒有法規要求對加密貨幣投資人提供任何類型的保護。

所以我不喜歡投資加密貨幣。

但那些支付「股利」的加密貨幣如何？當公司支付股利時，通常是從現金流量支付的。客戶付錢給公司，公司支付帳單，基本上剩下的就是現金流量。然後，管理階層決定將多少現金流量回饋給股東。

加密貨幣股利則是另一回事。加密貨幣投資人賺取的大多數「股利」根本不是股利，而是對所謂「質押」（staking）的報酬，質押基本上允許你的加密貨幣用於驗證區塊鏈上的交易。

當你質押各種加密貨幣時，這些加密貨幣通常會被鎖定一段時間，所以你不能賣掉它們。如果你需要現金，或是你的特定加密貨幣價格正在大跌，很抱歉，你無法動用你的資金。

表 12.1 顯示一些熱門加密貨幣，以及截至 2022 年 9 月 Coinbase 上目前可獲得的殖利率。

Coinbase 是交易和持有加密貨幣的最大平台之一。可以把它想像成加密貨幣經紀商，但它與傳統經紀商有一個很大的區別。

當你持有股利殖利率為 4% 的股票時，無論你在嘉信理財（Charles Schwab）、富達投資（Fidelity），還是在瑞士信貸（Credit Suisse）的高淨值資產帳戶中持有該股票，你都將獲得那 4% 的股利。你在瑞士信貸的私人銀行家無法為你提供高於其他人的收益。

但加密貨幣的殖利率，則會根據你持有代幣的平台而有所不同。

例如，雖然你可以透過 Coinbase 平台在以太幣（Ethereum）

上賺取 3.28% 的收益，但透過 Everstake 平台可以獲得 4.05% 的收益，在 Kraken 平台上則可以獲得 4% 到 7% 的收益。

表 12.1　截至 2022 年 9 月的加密貨幣收益

代幣	收益（固定年化利率）
Algorand (ALGO)	5.75%
Cosmos (ATOM)	5.00%
Tezos (XTZ)	4.63%
Solana (SOL)	4.00%
以太幣 (ETH)	3.28%
Cardano (ADA)	2.60%

另一方面，關於 Algorand 代幣，透過 Coinbase 平台持有（收益 5.75%），比起透過 Kraken 平台持有（收益 1% 至 4%），可以獲得的報酬更高。因此，如果你想從加密貨幣中獲得最大收益，則必須貨比三家，並在不同的平台上持有不同的加密貨幣。不僅如此，你可能還想要隨時掌握每個平台支付的收益，以確保你的加密貨幣獲得最大收益。這對我來說很麻煩。

有一些平台，例如 Exodus，允許你透過出借加密貨幣來賺取利息。利率將視當時的供需而定。

你想賺取 Exodus 利息，需要持有（並出借）一種名為 Dai（DAI）的加密貨幣。這個賺取利息計畫最酷的一點是，你可以即時看到利息累積，看著數字不斷上升⋯⋯而且是現場直播。

不太酷的一點是,你可以出借 Dai 幣並賺取另一種版本的 Dai,稱為複合 Dai（cDAI）的利息。根據 Exodus 的說法:「你的 DAI 和 cDAI 之間的匯率將隨著時間慢慢變化,並逐漸偏向對 cDAI 有利。這是在每次以太坊區塊被挖掘後,你將累積的『利息』[1]。」

換句話說,你拿走你的虛擬貨幣,將其出借,收回來的是稍微不同的虛擬貨幣,並相信那些掌權者會讓匯率朝著對你有利的方向發展。我在哪裡可以報名參加?

我知道我聽起來像個老頑固,而且正準備叫這些聽搖滾音樂和玩加密貨幣的年輕人離開我的草坪,但在我看來,加密貨幣是尋找問題而非尋求答案的解決方案。

這是很酷的概念嗎?當然是。但它有必要嗎?幾乎沒有。

我知道所有關於美元無價值、隱私、幣量有限等等的論點,但我看不出加密貨幣解決了哪個問題。

請記住,我不是看空區塊鏈技術,它與加密貨幣極為密切相關。我相信區塊鏈有很多實際用途,並且是一項令人興奮的技術。但如果你需要由某人在自家地下室用電腦創造出來的某種虛擬貨幣,這種想法仍引人質疑。

比特幣、以太幣和其他加密貨幣最初的承諾是,它們將成為一種價值儲存工具,並且可以用作實際貨幣進行交易。但真正使用加密貨幣進行金融交易的人多半是駭客和恐怖分子。當然,美國和世界各地的少數企業接受比特幣,但沒有人真正用加密貨幣購買三明治、沙發或房子。此外,接受比特幣的公司

肯定不會用加密貨幣支付發票或員工薪資（除了偶爾堅持要用比特幣領薪的 NFL 橄欖球運動員，我們知道這些人往往不善於理財）。

我看這部電影看了兩次，我知道結局如何。在網路泡沫時期，最狂熱的多頭派認為，網路改變了遊戲規則。他們說對了，但沒有改變的是，股票的估值方式以及企業的生存方式──獲利和現金流量。最終，只有卓越的公司才能生存。

然後，在 2003 年至 2007 年的房地產繁榮時期，醫生、律師、消防員和其他人似乎都是房地產專家，他們說：「房地產是致富的唯一途徑。」當你的房產閒置或沒有更傻的人來接手時，你就很難賺錢。

下次當加密貨幣價格飆升而且多頭派（以及胡說八道者）無處不在時，請記住這些教訓。

我預期某些加密貨幣能夠繼續生存，也許總有一天會具備一些現實世界的功能，但就目前而言，加密貨幣只不過是樂透彩券。如果你想投機也可以，但要充分了解情況再投入，這樣你就會發現這只不過是投機。我絕對不會將加密貨幣當作一種收益投資工具，無論從中獲得的利率是多少。

如果你是加密貨幣的信徒，並且碰巧賺得股利或利息，那麼這只是外快。但加密貨幣不應該納入股利收益策略中。

> **重點摘要**
>
> - 加密貨幣投資人賺取「股利」,是透過出借代幣,而不是像傳統公司股利那樣來自現金流量。
> - 加密貨幣的收益會因用來交易和存放代幣的平台而異。
> - 加密貨幣不像股票那樣受保險的保護或會防範駭客攻擊。

結　語 ——————————————— Conclusion

本書的終點，你獲利的開始

　　從 2011 年底左右開始，顯然股市在 10 年來幾乎沒有波動，財務顧問和作家紛紛加入股利投資的熱潮。長期看多者、長期看空者，以及似乎介於兩者之間的所有人，突然開始宣稱，投資配息型股票是長期賺錢的唯一途徑。

　　當然，其中許多人就是在 2000 年和 2001 年股市崩盤之前，告訴你要買進網路股票的人。2009 年，就在股市反彈並翻倍之前，他們說世界末日即將來臨，你應該賣掉一切。2021 年，他們又大力鼓吹加密貨幣。

　　2011 年以後，配息型股票變得非常流行，這可能是因為本書第一版的出版。但一些投資人可能被成熟公司的穩定性所吸引，這些公司擁有向股東還本的悠久歷史——尤其是 2008 年金融危機至今仍令人不堪回首。

　　但配息型公司引起如此多投資人的關注，主要原因是低利率環境。

　　確實，沒有其他地方可以讓人投入資金並獲得任何收益。就我個人而言，我討厭以「別無選擇」作為投資於配息型

股票的理由,但當時這點是事實。銀行沒有支付利息;貨幣市場帳戶沒有提供收益。想要在債券中獲得超過 4% 的收益,你需要購買垃圾債券。大多數人寧願看到收入透過永久股利成長股年年增加,而不是看著它在債券中停滯不前。

如今情況不同了。2022 年通膨飆升,利率攀升,雖然在定存、貨幣市場帳戶和儲蓄帳戶中找到像樣的利率並不容易,但國債收益率目前已超過 3%。而且如果利率繼續攀升,那麼當你閱讀這段文字時,國債收益率可能會超過 4%。

利率愈高,投資人就有愈多地方可以投資,並從中獲得報酬。但很少有投資能夠像永久股利成長股那樣,提供長達數十年經過驗證的長期成長和收益成長紀錄。

我希望在不久的將來,配息型股票不再那麼受歡迎。雖然這對我來說可能意味著作銷量減少,但對股利投資人來說,這意味著擁有以更高的殖利率買進的更好機會。不過正如我所指出的,你不必逢低買進配息型股票才能賺錢。更重要的因素是時間,而不是價格。有人會提出一個非常合理的論點:投資時間多久,比投資績效好壞更重要。以同樣的投資金額開始操作,在 30 年內表現不如市場的保守投資人,賺到的錢將勝過在 20 年內表現優於市場的投資人。

想想看……一位投資人每年投資 3,000 美元,並在 30 年內每年賺取低於市場平均水準的 6% 殖利率,30 年後將擁有 251,405 美元。另一位投資人晚 5 年投資,必須每年都有 8.4% 的殖利率,才能得到相同的 251,405 美元,這 8.4% 的殖利率

高於市場歷史平均水準。因此,第一位投資人投資時間較長,可能會犯錯或採取更保守的策略,投資績效低於市場表現,但最終仍然可以和那些優於市場表現、但晚 5 年起步的投資人擁有相同的收益。

如果再晚 10 年才開始投資,他們就需要每年產生 12.3% 的年化報酬率,才能夠達到相同的結果,12.3% 是第一位投資人報酬率的兩倍多。晚了 10 年,意味著你需要將報酬增加一倍以上。你需要達到絕大多數專業基金經理人和資金經理人都無法企及的報酬水準。

不過你很幸運,你即將讀完一本教你如何長期產生 12% 年化報酬率的書。因此,即使你的投資時間較短,你仍然可以獲得一些驚人的成果。讓你的投資隨著時間以複利成長,最後將使你能夠實現財務目標。

這就是本書的重點。雖然我希望本書成為暢銷書(請跟你的朋友推薦),但我真正的目標是,20 年後,有人會告訴我,他們讀了我的書,因此他們在財務上有安全保障。如果他們補充說,他們將這本書中的方法教給自己的孩子,而這些現在已經成年的孩子也正在邁向財務獨立,那就更棒了。

本書前兩版出版後,那正是實際發生的情況。我收到數百封電子郵件,也遇到很多人,他們說,他們現在正在投資永久股利成長股,獲得出色的成果,晚上睡得更安穩,因為他們不再追逐下一個熱門投資策略。而且真正讓我興奮的是,他們告訴我,他們為所有的子孫買了這本書。

聽到這些故事，比我收到的任何評論都更棒，因為這意味著，這本書中的策略正在傳給年輕世代，並且有些人將不會經歷許多其他人都經歷過、將來可能會面臨的財務困難。

現在你已經掌握這些資訊，你沒有更多的藉口說你無法實現目標、保障退休生活、供孩子上大學……了。

你必須投入一些精力——儘管比起大多數其他投資策略所需的精力要少得多——而且你必須有耐心。你能耐心等待利用這些資金的時間愈久，它們就會增加得愈多，一旦你熬過第 8 年到第 10 年，這筆錢就會開始逐年累積。

事實上，我預測，除非你陷入困境，否則在 15 或 20 年內，你不會想使用這些從投資賺得的錢。你會認為，比較明智的做法是另尋管道籌錢，因為每年複利產生的股利會極為可觀，你不會想做任何可能減緩股利成長的事情。

我真誠希望這個方法對你有用，而且我懇請你把它教給你的孩子們。讓他們從年輕時，不管是 30 多歲、20 多歲，甚至青春期時開始採用這個方法，你將給予他們你所能給予的最佳禮物之一：財務獨立的機會，能夠追求自己熱愛的事情，並擺脫生活中的一大壓力源。

然後，他們可以將這種方法再傳授給他們的孩子，建立代代相傳的遺產，後代將不會為錢憂心。

請記住，我們並不是說，透過豪宅、12 輛汽車和私人飛機建立代代相傳的千萬富翁式財富。如果你按照本書中的策略進行投資，並且將錢原封不動地傳給你的子孫，這種千萬富翁式

財富也許有可能發生。

　　但從更實際的角度來看，我們談論的是一種策略和紀律，一旦實行這種策略和紀律，你、你的孩子以及你所傳授的任何人，都可以過著富裕的生活，追求夢想和興趣，而不必擔心如何退休、供孩子上大學的費用，或購買第一棟房子的壓力。

　　有多少潛在的優秀教師因為需要追求更高薪的工作，而從未踏進教室？有多少藝術家基於同樣的原因，從未畫過或創作過自己的傑作？有多少熱衷助人的人沒有追隨自己的熱情，成為社會工作者或護理師，而是長時間從事自己討厭的工作，只為了賺錢養家？

　　我並不天真。生活是要花錢的。即使你充分利用 10-11-12 系統，現在你還是需要錢來支付雜支、孩子的足球裝備、週末外出等費用。僅僅採用這個系統並不能解決一切問題。

　　但如果你知道自己存 10 萬美元，並且每年以 12％ 的速度成長，20 年後價值將超過 100 萬美元，這確實會讓你更容易做出一些決定。知道這筆錢正在自我增值，也許你會更願意回到學校攻讀社會工作學位，或抓住機會成立一家新公司。

　　最後，請造訪本書的網站：www.getrichwithdividends.com。該網站提供實用的文章、工具、資源，如果你在選擇最佳配息型股票時需要一些幫助，網站上也有我的電子報《牛津收益通訊》的訂閱專屬折扣。

　　別忘了：20 年後來找我，讓我知道你最後的投資成果如何。現在就讓 10-11-12 系統發揮作用，開始靠股利致富吧！

詞彙表

行動派投資人（Activist investor）：擁有公司 5% 或以上股份，並要求管理階層進行變革的投資人。

美國存託憑證（American Depositary Receipt，ADR）：在美國交易所交易的一種工具，代表外國股票的股份（通常是一股）。

貝塔值（Beta）：衡量波動性或風險的標準，顯示股票或投資組合的價值變化與整體市場變動的相關性。

商業發展公司（Business Development Corporation，BDC）：公開交易的私募股權公司。

買權（Call option）：一種選擇權，賦予買方在特定日期之前以特定價格買進證券的權利，但非義務。

現金流量（Cash flow）：公司產生的現金量。經常與盈餘作比較。

營運現金流量（Cash flow from operations）：業務活動所產生的現金金額。不包括融資活動，例如利息支付或股票出售。

封閉式基金（Closed-end fund）：像股票一樣交易的共同基金，以供需為基礎，通常以其資產淨值（Net Asset Value，NAV）折價或溢價進行交易。

複合年成長率（Compound Annual Growth Rate，CAGR）：一段時間內的平均年度成長率。不是單純的平均成長率，而是

考慮複利的效應。

複利效應（Compounding）：一項投資透過將先前的配息、收益等再投入原始本金，以賺取額外資金的能力，如此產生的報酬，高於僅從原始本金獲得的報酬。

掩護性買權（Covered call）：持有標的股票時，賣出買權。

折舊（Depreciation）：一種會計方法，允許企業在設備的使用壽命內，將設備的成本分攤為營運費用。

直接股票購買計畫（Direct Stock Purchase Plan，DSPP）：一種直接向發行公司購買股票，而無須透過股票券商的方式。

折價（Discount）：某項資產的價格低於其價值。

股利（Dividend）：由公司支付的現金分配。

股利衛冕者（Dividend Achiever）：連續10年或以上提高股利的股票。名單由那斯達克OMX（Nasdaq OMX）管理。

股利貴族（Dividend Aristocrat）：是標普500指數（S&P 500 Index）的一部分，且連續25年或以上提高股利的股票。名單由標準普爾管理。

股利捕獲策略（Dividend capture）：在除息日之前買進股票，以獲得股利，然後不久後賣出股票。

股利初級挑戰者（Dividend Challenger）：連續5到9年提高股利的股票。名單由DRiP資源中心（DRiP Resource Center）管理。

股利冠軍（Dividend Champion）：連續25年或以上提高股利的股票。它與股利貴族不同之處是，它不需要成為標普500

指數的一部分。名單由 DRiP 資源中心管理。

股利挑戰者（Dividend Contender）：連續 10 年或以上提高股利的股票。名單由 DRiP 資源中心管理。

股利再投資計畫（Dividend Reinvestment Program，DRIP）：自動將股利再投資的計畫。

除息日（Ex-dividend date）：投資人可以在不失去最近宣布的股利權利之下，將股票賣出的第一天。

業主有限合夥（Master Limited Partnership，MLP）：公開交易的合夥企業。所有者不是股東，而是合夥人，在稅務考量上與股票不同。

票面價值（Par value）：債券或特別股的面值。

配息率（Payout ratio）：決定股利安全性的一種公式。公式是支付的股利除以淨利。可以用營運現金流量或自由現金流量來代替淨利。

永久股利成長股（Perpetual Dividend Raiser）：歷來每年都提高股利的股票。

特別股（Preferred stock）：兼具股票和債券的性質。通常在預定期限內支付固定股利。在公司資產的清償順位上，低於債券，但高於普通股。

溢價（Premium）：某項資產的價格高於其價值。

賣權（Put option）：一種選擇權，賦予買方在指定日期之前，以特定價格出售證券的權利，但無義務。

合格股利（Qualified dividend）：普通股利，以較低的稅率課

稅，而不是按投資人的普通所得稅稅率課稅。

不動產投資信託基金（Real Estate Investment Trust，REIT）：公開交易的合夥企業，投資標的為房地產。

股東權益報酬率（Return on Equity，ROE）：衡量公司獲利能力的指標。公式為淨利除以股東權益。

夏普值（Sharpe ratio）：一種衡量方法，用來衡量兩項投資相對於風險的表現。

特別股利（Special dividend）：公司宣布發放的一次性股利。

標準差（Standard deviation）：衡量變異程度的指標。用於證券分析以協助確定風險。

殖利率（Yield）：每股股利相對於股價的比率。公式為每股股利除以股價。

致謝

有許多人以不同方式為本書的出版做出貢獻。

我要感謝曾任職於 John Wiley & Sons 的黛博拉・英格蘭德（Debra Englander），她多年前接到我的電話，立即對出版這本書的構想感到興奮。謝謝黛博拉，讓這本書成真。同樣任職於 John Wiley & Sons 的凱文・哈雷德（Kevin Harreld），在我不想被催促的情況下催促我寫第二版，沒有你，這個版本就不會存在。感謝蘇珊・塞拉（Susan Cerra）和薩曼莎・吳（Samantha Wu）不辭辛勞，讓這本書達到最佳狀態。

茱莉亞・古斯（Julia Guth），感謝你對這項計畫以及過去 16 年裡所有其他計畫的支持。亞歷山大・格林（Alexander Green）針對卓越設立如此高的標準並提供支持，我萬分感謝。感謝麥克・沃德（Mike Ward）幫我開始著手行動，卡里姆・拉赫姆圖拉（Karim Rahemtulla）讓我在牛津俱樂部起步，並成為我值得信賴的導師。路易斯・巴塞內斯（Louis Basenese），感謝你在早期指導我度過難關，給予無數次的信任支持，並成為我的好友。感謝丹妮爾・奧戴爾（Danielle O'Dell）在整個過程中為我提供一切幫助，也感謝比爾・邦納（Bill Bonner）和馬克・福特（Mark Ford）創立了讓員工茁壯成長的卓越公司。

麥特・溫申克（Matt Weinschenk），感謝你對本書所做的

寶貴研究和貢獻，沒有你，我不可能完成這本書。感謝萊恩・費茲瓦特（Ryan Fitzwater）所做的一切出色研究。感謝我的老友兼同事克莉絲汀・奧爾曼（Kristin Orman）領導一支優秀的研究團隊。感謝安東尼・桑默斯（Anthony Summers）、強納森・米德（Jonathan Mead）、布里頓・吉本斯—奧尼爾（Brittan Gibbons-O'Neill），特別是加文・康比（Gavin Combe）對這項計畫的幫助。珍・羅斯（Jen Ross），感謝你製作出一系列精彩的圖表。蕾秋・吉爾哈特（Rachel Gearhart）是出色的業務夥伴，感謝你持續的支持，自始至終都挺我。

我在牛津集團（Oxford Group）的所有編輯同仁：亞歷山大・格林（Alexander Green）、麥特・卡爾（Matt Carr）、安迪・史奈德（Andy Snyder）、布萊恩・博塔雷利（Bryan Bottarelli）和卡里姆・拉赫姆圖拉（Karim Rahemtulla）。你們的工作幫助我成為更好的分析師，尤其是當我們聚在一起談論市場時。

海蒂・羅斯（Heidi Rose，暱稱 Cuz）和克里斯・威特默（Chris Witmer）是出色的行銷專家，幫助我提高知名度。

珍娜・克拉弗韋登（Jenna Klaverweiden）——審稿編輯界的麥可・喬丹，你是我合作過的審稿編輯中最棒的，感謝你長時間投入，並多次幫助我擺脫困境。

我特別感謝牛津俱樂部的朋友和同事。當我和如此聰明、有才華、充滿熱情的人們共事時，每天早上起床進辦公室變得輕而易舉。

感謝 DRiP 資源中心已故的大衛・費許（David Fish），不

僅因為他讓我使用他的資料，也因為他為股利投資人做出卓越貢獻。

艾倫・納德爾（Alan Nadel）是我認識的人當中數一數二敏銳的，總是會立即回覆我的電子郵件，是一位重要的諮詢討論對象。他也是我40多年來的好友。凱文・洛根（Kevin Logan），一位優秀的交易員，更是極好的朋友。我無法想像，如果我們沒有每天討論市場，我對市場的了解會少了多少。

艾瑞克・利希滕菲爾德（Eric Lichtenfeld），我所認識最好的作家，感謝你一直在我身邊給我建議，幫助我把文章寫好。瑪洛・利希滕菲爾德（Marlowe Lichtenfeld），感謝你作為很棒的大嫂，讓艾瑞克總是面帶微笑。班和艾莉・利希滕菲爾德（Ben and Ellie Lichtenfeld），我希望你們能利用本書中的想法來幫助你們追求夢想。

我的父母芭芭拉和埃德・利希滕菲爾德（Barbara and Ed Lichtenfeld），感謝你們在我三年級時強迫我改掉「然後然後然後然後」的寫作習慣。我的編輯可能也應該為此感謝你們。對於你們在生活中給予我的一切，「謝謝」並不足以表達我的感激之情。

朱利安（Julian）和基拉（Kira），希望你們能閱讀這個版本。最重要的是，感謝霍莉（Holly），感謝你所做的一切。

注釋

第一章

1. PwC, *Retirement in America: Time to Rethink and Retool* (London: PwC, 2021), 4.
2. G. Dautovic, "American Savings Statistics: How Much Should You Have in Your Savings Account?" Fortunly, February 7, 2022, https://fortunly.com/statistics/american-savings-statistics/#gref.
3. Statista Research Department, "Average Monthly Apartment Rent in the United States from January 2017 to February 2022, by Apartment Size," Statista, April 4, 2022, https://www.statista.com/statistics/1063502/average-monthly-apartment-rent-usa/.
4. Edward Siedle, "The Greatest Retirement Crisis in American History," Forbes.com, March 20, 2013, http://www.forbes.com/sites/edwardsiedle/2013/03/20/the-greatest-retirement-crisis-in-american-history/.
5. Harvey Rubin and Carlos Spaht II, "Financial Independence Through Dollar Cost Averaging and Dividend Reinvestments," *Journal of Applied Business and Economics* 12, no. 4 (2011): 12.
6. Paul Asquith and David W. Mullins Jr., "The Impact of Initiating Dividend Payments on Shareholders' Wealth," *Journal of Business* 56, no. 1 (1983): 77.
7. Kathleen P. Fuller and Michael A. Goldstein, "Do Dividends Matter More in Declining Markets?" *Journal of Corporate Finance* 17, no. 3 (June 2011): 457.
8. Albert Williams and Mitchell Miller, "Do Stocks with Dividends Outperform the Market during Recessions?" *Journal of Accounting and Finance* 13, no. 1 (2013): 58, http://m.www.na-businesspress.com/JAF/MillerM_Web13_1_.pdf.

第三章

1. Aaron S. Reynolds, "The Truth About Top Performing Mutual Fund Managers," *AAII Journal*, July 2011, www.aaii.com/journal/article/the-truth-about-top-performing-mutual-fund-managers.
2. Robert Allan Schwartz, "Dividend Skeptics: Here's How Dividend Champions

Fared During the Last Recession," Seeking Alpha, September 18, 2011, http://seekingalpha.com/article/294269-dividend-skeptics-heres-how-dividend-champions-fared-during-the-last-recession.

3. Frank K. Reilly, David J. Wright, and James A. Gentry, "Historic Changes in the High Yield Bond Market," *Journal of Applied Corporate Finance 21*, no. 3 (2009): 69.

4. S&P Dow Jones Indices, SPIVA U.S. Scorecard, September 8, 2014, http://us.spindices.com/resource-center/thought-leadership/spiva/.

5. Josh Meyers, "New Report Finds Almost 80% of Active Fund Managers Are Falling Behind the Major Indexes," CNBC, March 27, 2022, https://www.cnbc.com/2022/03/27/new-report-finds-almost-80percent-of-active-fund-managers-are-falling-behind.html.

6. Berlinda Liu, "U.S. Persistence Scorecard Year-End 2021," S&P Dow Jones Indices, April 27, 2022, https://www.spglobal.com/spdji/en/spiva/article/us-persistence-scorecard.

7. Anthony Ginsberg and Lisa Segall, "80% of US Fund Managers Underperform S&P 500 Over 5 years," Ginsglobal Index Funds, September 23, 2020, https://www.ginsglobal.com/articles/80-of-us-fund-managers-underperform-sp-500-over-5-years/.

8. Morgan Housel, "Three Mistakes Investors Keep Making Again and Again: Successful Investing Requires Avoiding Common Mental and Emotional Pitfalls," *Wall Street Journal*, September 12, 2014, http://online.wsj.com/articles/three-mistakes-investors-keep-making-again-and-again-1410533307.

9. "Diversification and the Average Investor," J.P. Morgan Asset Management, accessed July 16, 2022, https://am.jpmorgan.com/us/en/asset-management/liq/insights/market-insights/guide-to-the-markets/guide-to-the-markets-slides-us/investing-principles/gtm-divers/.

10. Sanjay Deshmukh, Anand M. Goel, and Keith M. Howe, "CEO Overconfidence and Dividend Policy," February 18, 2010, available at SSRN: https://papers.ssrn.com/sol3/papers.cfm?abstract_id=1107542.

第四章

1. Michael Santoli, "A Standout in the Luxury Crowd," *Barron's*, January 30, 2012, https://www.barrons.com/articles/SB50001424052748703512004577182961281221638.

2. Tim Swift, "Do Share Buybacks Suppress Innovation?" Abstract, *Academy of Management Proceedings* 2018, no. 1 (July 2018), https://journals.aom.org/doi/10.5465/AMBPP.2018.12955abstract.
3. Richard Fields, "Buybacks and the Board: Director Perspectives on the Share Repurchase Revolution," Investor Responsibility Research Center Institute and Tapestry Networks, August 2016, https://cpb-us-w2.wpmucdn.com/sites.udel.edu/dist/8/12944/files/2022/08/FINAL-Buybacks-Report-Aug-22-2016.pdf.
4. Lenore Palladino, "Do Corporate Insiders Use Stock Buybacks for Personal Gain?" *International Review of Applied Economics* 34, no. 2 (January 2020), https://www.tandfonline.com/doi/abs/10.1080/02692171.2019.1707787.
5. Edward Yardeni and Joseph Abbott, *Stock Buybacks: The True Story* (Brookville, NY: YRI Books, 2019), https://www.yardeni.com/pub/TS84.pdf.
6. Murali Jagannathan, Clifford P. Stephens, and Michael S. Weisbach, "Financial Flexibility and the Choice between Dividends and Stock Repurchases," *Journal of Financial Economics* 57 (2000): 355.
7. Bong-Soo Lee and Oliver Meng Rui, "Time-Series Behavior of Share Repurchases and Dividends," *Journal of Financial and Quantitative Analysis* 42, no. 1 (March 2007): 119-142, doi:10.1017/S0022109000002210.
8. Azi Ben-Rephael, Jacob Oded, and Avi Wohl, "Do Firms Buy Their Stock at Bargain Prices? Evidence from Actual Stock Repurchase Disclosures," *Review of Finance* 18, no. 4 (July 2014): 1299-1340, doi: 10.1093/rof/rft028.
9. Shirley A. Lazo, "Four Times the Fun," *Barron's*, February 18, 2012, http://online.barrons.com/news/articles/SB50001424052748703786004577221390164129740.
10. Third Point, "Third Point Requests Two Yahoo Board Seats, Demands Yang's Resignation from Board, and Opposes Reported Negotiations for 'Sweetheart' Deal with Private Equity Firms," news release, November 4, 2011, www.businesswire.com/news/home/20111104006045/en/Point-LLC-Letter-Yahoo!-Board-Directors.
11. Merton H. Miller and Franco Modigliani, "Dividend Policy, Growth, and the Valuation of Shares," *Journal of Business* 34, no. 4 (October 1961): 430.
12. Douglas J. Skinner and Eugene F. Soltes, "What Do Dividends Tell Us About Earnings Quality?" Abstract, *Review of Accounting Studies* 16, no. 1 (March 2011), http://ssrn.com/abstract=484542.

第五章

1. Malcolm Baker, Brendan Bradley, and Jeffrey Wurgler, "Benchmarks as Limits to Arbitrage: Understanding the Low- Volatility Anomaly," *Financial Analysts Journal* 67, no. 1 (2011): 40.

第七章

1. "S&P 500 Dividend Year by Year," Multpl, accessed August 7, 2022, https://www.multpl.com/s-p-500-dividend-yield/table/by-year.
2. 同上。

第十二章

1. "What Is Compound Finance?" Exodus, accessed September 17, 2022, https://support.exodus.com/article/1313-getting-started-with-compound-finance-inside-of-exodus-wallet#what-is-cf.

新商業周刊叢書 BW0868

股利致富
獨創10-11-12投資策略，
讓你資產一路富成長，穩穩領錢領到老！

原 文 書 名	／Get Rich with Dividends: A Proven System for Earning Double-Digit Returns
作　　　　者	／馬克．利希滕菲爾德（Marc Lichtenfeld）
譯　　　　者	／呂佩憶、林麗冠
責 任 編 輯	／黃鈺雯
企 劃 選 書	／黃鈺雯
版　　　　權	／吳亭儀、顏慧儀、江欣瑜、游晨瑋
行 銷 業 務	／周佑潔、林秀津、林詩富、吳藝佳、吳淑華
總 　編　 輯	／陳美靜
總 　經 　理	／彭之琬
事業群總經理	／黃淑貞
發 　行 　人	／何飛鵬
法 律 顧 問	／元禾法律事務所　王子文律師
出	／商周出版　115台北市南港區昆陽街16號4樓 電話：(02)2500-7008　傳真：(02)2500-7579 E-mail：bwp.service@cite.com.tw
發　　　　行	／英屬蓋曼群島商家庭傳媒股份有限公司　城邦分公司 115台北市南港區昆陽街16號8樓 電話：(02)2500-0888　傳真：(02)2500-1938 讀者服務專線：0800-020-299　24小時傳真服務：(02)2517-0999 讀者服務信箱：service@readingclub.com.tw 劃撥帳號：19833503 戶名：英屬蓋曼群島商家庭傳媒股份有限公司城邦分公司
香港發行所	／城邦（香港）出版集團有限公司 香港九龍土瓜灣土瓜灣道86號順聯工業大廈6樓A室 電話：(852)2508-6231　傳真：(852)2578-9337 E-mail：hkcite@biznetvigator.com
馬新發行所	／城邦（馬新）出版集團 Cite (M) Sdn Bhd 41, Jalan Radin Anum, Bandar Baru Sri Petaling, 57000 Kuala Lumpur, Malaysia. 電話：(603)9056-3833　傳真：(603)9057-5622 E-mail：services@cite.my

國家圖書館出版品預行編目(CIP)數據

股利致富：獨創10-11-12投資策略,讓你資產一路富成長,穩穩領錢領到老!/馬克.利希滕菲爾德(Marc Lichtenfeld)作；呂佩憶,林麗冠譯. -- 初版. -- 臺北市：商周出版：英屬蓋曼群島商家庭傳媒股份有限公司城邦分公司發行, 2025.05
面；　公分. -- (新商業周刊叢書；BW0868)
譯自：Get rich with dividends : a proven system for earning double-digit returns
ISBN 978-626-390-507-8（平裝）
1.CST: 股票投資 2.CST: 投資分析
563.35　　　　　　　　　　　114003947

封 面 設 計	／萬勝安	內文設計排版	／無私設計．洪偉傑	印　　刷	／鴻霖印刷傳媒股份有限公司
經 　銷 　商	／聯合發行股份有限公司	電話：(02)2917-8022	傳真：(02) 2911-0053		
		地址：新北市231新店區寶橋路235巷6弄6號2樓			

ISBN／978-626-390-507-8（紙本）　978-626-390-506-1（EPUB）
定價／450元（紙本）　315元（EPUB）

2025年5月出版

版權所有．翻印必究（Printed in Taiwan）

城邦讀書花園
www.cite.com.tw

Get Rich with Dividends: A Proven System for Earning Double-Digit Returns
Copyright © 2023 by Marc Lichtenfeld
All Rights Reserved. This translation published under license with the original publisher John Wiley & Sons, Inc.
Complex Chinese translation copyright © 2025 by Business Weekly Publications, a division of Cité Publishing Ltd.